U0482953

知库

政治与哲学

德国古典哲学自我意识的形上演进研究

张笑笑 著

吉林大学出版社

·长春·

图书在版编目（CIP）数据

德国古典哲学自我意识的形上演进研究 / 张笑笑著 . —长春：吉林大学出版社，2022.10
ISBN 978－7－5768－0783－7

Ⅰ.①德… Ⅱ.①张… Ⅲ.①德国古典哲学—自我意识—研究 Ⅳ.①B516.3②B844

中国版本图书馆CIP数据核字（2022）第191879号

书　　名	德国古典哲学自我意识的形上演进研究
	DEGUO GUDIAN ZHEXUE ZIWO YISHI DE XINGSHANG YANJIN YANJIU
作　　者	张笑笑
策划编辑	李潇潇
责任编辑	周春梅
责任校对	李潇潇
装帧设计	中联华文
出版发行	吉林大学出版社
社　　址	长春市人民大街4059号
邮政编码	130021
发行电话	0431－89580028/29/21
网　　址	http：//www.jlup.com.cn
电子邮箱	jdcbs@jlu.edu.cn
印　　刷	三河市华东印刷有限公司
开　　本	710mm×1000mm　1/16
印　　张	15.5
字　　数	193千字
版　　次	2023年1月第1版
印　　次	2023年1月第1次
书　　号	ISBN 978－7－5768－0783－7
定　　价	95.00元

版权所有　　翻印必究

前　言

　　西方哲学的主题在近代发生了认识论转向，即哲学研究的对象从古希腊的自然本体和中世纪的上帝本体转向了人自身的主体，并演绎出围绕"自我"而展开的蔚为壮观的近代"主体性形而上学"。它发端于笛卡尔的"我思"，最终完成于德国古典哲学。于是，在德国古典哲学中，"自我意识"不仅是主体性形而上学建构所依据的"基础要素"，而且其自身的"内容"也存在着由主观到主客统一、由先验到绝对、由人性向"神性"不断发展的形上演进逻辑，揭示这一逻辑进程是本文研究的主旨。

　　在近代唯理论哲学中，自我意识以普遍性观念的方式存在于主体之中。笛卡尔用"我思故我在"奠定了西方近代以来建构主体性形而上学的主基调并在唯理论哲学中确立起了围绕"我思"来打造形而上学的内在性原则，这个"内在性原则"围绕着如下三个问题展开："我思"的内容是什么、"我思"与"我在"之间的关系以及"我思"与上帝之间的关系。事实上，唯理论哲学也正是基于对这三个问题的回答推动了"我思"的主体性建构，其中笛卡尔将"我思"确定为具有思维属性的精神实体，斯宾诺莎完成了最高实体与主体"我思"属性之间的"一元化"，莱布尼茨则让作为单子的"我思"具有了创造和生成的自我能动性。然而，由于唯理论的哲学家们都是在经验立场考察"我思"的实体本性，这便让"我思"陷入了无法被经验实证的逻辑困境，因此"独断"是其无法逃脱的理论宿命。休谟的怀疑更是让近代以来的哲学家们试图围绕经验性的"我思"来建构形而上学的梦想破灭了，要想重建主体性形而上学，必须超越"我思"的经验性，由经验自我向先验自我的跃迁决定了德国古典哲学的时代出场。

康德率先从先验自我出发，开启了德国古典哲学的形而上学建构之旅。康德认为我们必须要对于主体自我的结构、功能、范围和界限进行充分的先验审查，方能让未来的形而上学建立在稳固的主体"地基"——先验自我之上，先验自我也成为康德未来形而上学的研究对象，康德在其之上尝试了真、善、美的主体性形而上学建构，同时也确立了"自我意识"在德国古典哲学中的基础性地位；费希特秉承并彻底地发挥了康德开创的主体性道路，将康德的先验自我提升到主体之中纯粹的"绝对"，让绝对自我的先验设定活动成为一切知识的来源和最高根据，结果造成整个世界主观化于绝对自我之中，也让形而上学在主体之中的建构走到了"绝境"，"绝境"意味着哲学转向即将来临；谢林从知识的本性出发，认为作为最高知识原理的"绝对"不可能只是主观，而与事物本身的客观内容无涉，于是便将费希特主体中的"绝对自我"引向了主、客观之上的"同一绝对"，"自我意识"不是最高的"绝对"，而是能够映射"绝对"内容于自身之中的主体之在，这便让主观的"自我意识"之中融入了"绝对"的客观内容，让"自我意识"客观化的形而上学建构终成可能；黑格尔继续沿着谢林确立的"主体客观化"方向，进一步将谢林的"同一绝对"的内容逻辑化为绝对理念、将谢林的"自我意识"发展为"绝对精神"，并用辩证法完成了绝对精神和绝对理念的辩证统一，最终建构起并完成了思辨形而上学体系。在黑格尔的哲学体系之中，绝对精神就是绝对理念在人类自我意识之中的现实化，人类自我意识的发展史就是将绝对理念在人类精神中的自我实现的历史，而历史的终点就是自我意识与绝对理念的最高和最后和解，也宣告了近代主体性形而上学的理性完成。如此看来，从康德的先验自我到黑格尔的绝对精神，自我意识呈现出不断发展、转向和跃迁的演进逻辑，德国古典哲学中自我意识发展的总体逻辑便清晰地呈现出来。在这个总体逻辑之中，"自我意识"的发展逻辑不仅决定着"思维与存在统一"的哲学基本问题的解决方式，而且也直接关乎哲学思维方式由知性向理性的发展逻辑、真理观由外在符合论向内在符合论的发展逻辑、历史观由合目的性向合规律性的发展逻辑，也就是说，只有自我意识本身的逻辑发生了变革，这些逻辑的变革才成为可能，它们之间具有变革和演进的内在同构性。

　　当然，德国古典哲学的自我意识的发展逻辑是建立在理性的根基之上的，当黑格尔用思辨理性完成了主体性形而上学的同时，也自然将理性本身推向了极致的巅峰，其结果只能面临着被消解和解构的命运，这也决定了自我意识在德国古典哲学之后的现代转向。叔本华以"意志"取代"理性"，完成了自我意识的意志化哲学建构；马克思用实践批判理性，让"认识自我"回归"实践自我"，从而让哲学的功能从解释世界转向改造世界；分析哲学更是用"语言—世界"的关系来消解"思维—世界"的关系，从而完成"语言"对自我意识的哲学解构，既然"自我意识"本身是不可说的，我们当然要对之保持沉默；当面临着"欧洲科学的危机"时，胡塞尔的现象学再次回到主体的先验自我之中，用意向性结构来消除传统哲学中自我意识的"理性本质"，为"现象"重新确立形上的根据。可以说，虽然德国古典哲学之后的哲学都是以消解自我意识的"理性"为己任，但自我意识本身依旧是哲学研究的主战场，其从未淡出过任何现代哲学样态的主视域。研究德国古典哲学自我意识的形上演绎逻辑，不仅可以让我们深化德国古典哲学本身发展的逻辑，还可以为建构具有民族自我的中国当代形而上学提供可借鉴的理论资源。

第1章 绪 论 ... 1
1.1 选题的价值与意义 ... 1
1.2 选题的国内外研究现状 ... 3
1.3 本文的研究方法和理论创新 ... 27

第2章 近代主体性形而上学内在性原则的确立和发展 ... 31
2.1 西方近代哲学以前主体性思想的理论溯源 ... 32
2.2 近代哲学中"以人为本"的主体性原则的确立 ... 41
2.3 唯理派哲学中主体内在性原则的发展过程 ... 53
2.4 "知识论危机"中主体性困境与德国古典哲学的出场 ... 66

第3章 德国古典哲学自我意识的形而上学建构 ... 74
3.1 康德批判哲学中的自我意识——先验自我 ... 75
3.2 费希特知识学中"行动"的绝对自我 ... 92
3.3 谢林同一哲学中的先验自我 ... 107
3.4 黑格尔思辨哲学中"精神"的自我意识 ... 120

第4章 德国古典哲学中自我意识的形上演绎之路 ……… **140**
4.1 自我意识从主、客观对立到统一的演进逻辑 ……… **140**
4.2 自我意识与思维方式发展的演进逻辑 ……… **155**
4.3 自我意识与真理观发展的演进逻辑 ……… **170**
4.4 自我意识与历史观建构的演进逻辑 ……… **185**

第5章 德国古典哲学之后自我意识发展的现代转向 ……… **201**
5.1 叔本华开启的"意志"自我的现代哲学转向 ……… **201**
5.2 马克思对理性自我意识的实践论转向 ……… **206**
5.3 分析哲学用"语言"来消解自我意识的语言学转向 ……… **210**
5.4 胡塞尔向"先验自我"回归的现象学转向 ……… **214**

参考文献 ……… **219**
后　记 ……… **236**

第1章 绪 论

1.1 选题的价值与意义

从西方哲学发展的历史上看,"自我意识"一方面随着哲学追求真理的内在发展要求而来,另一方面由于社会发展对于人的主体性地位提升的需求而来。形而上学的终极关怀就是要建立关于绝对真理的知识体系。自从笛卡尔的"我思故我在"开启了认识论转向、确立了主体性形而上学,人的理性就从中世纪哲学的"上帝"手中回到了人本身,"人"成了真理之所以可能的条件。德国古典哲学不仅以打造具有真理性的形而上学体系为己任,还以回应启蒙运动"人本上帝化"的内在要求、抬高人类的主体性为使命。所以"自我意识"在德国古典哲学中被作为研究对象并发展到最高峰有其必然的历史因素。

笛卡尔的认识论转向依旧没有脱离经验立场的桎梏,休谟的怀疑论打破了近代哲学用自然科学或数学的方法打造形而上学体系的愿景,康德不得不为未来形而上学何以可能找到新的根据。康德指出:"这个时代不能再被虚假的知识拖后腿了；它是对理性的一种敦请，要求它重新接过它的所有工作中最困难的工作，即自我认识的工作，并任命一个法庭，……而这个法庭就是纯粹理性的批判本身。"① "自我意识" 从康德哲学开始才真正成了哲学研究的对象，他把人的 "理性" 直接作为哲学的考察对象，解除了 "知识论危机"，在现象界将人提升为 "上帝"，经费希特和谢林的发展，黑格尔最终用自我意识中的思辨理性统摄了整个宇宙，人真正成了主宰一切的 "理性神"。在德国古典哲学的寻求真理之路上，哲学家们全面而深入地回到了主体自我之中，对自我意识的结构、能力、作用、范围等等方面进行了系统而深刻的剖析，最终使主体冲破了自身的限制，将客观性的内容包含在了自身之中，才得以完成了绝对真理的知识体系的建构，完成了自文艺复兴以来理性寻求独立于神学的任务。从康德开始，德国古典哲学家们将形而上学自觉地当作一门完整的、不同于自然科学的哲学体系来追求与建构，重新确立起从理性自身出发思考和审视一切问题的原则，侧重于讨论知识领域的基础问题、道德领域的根据问题、历史领域的合理性问题。

"自我意识" 作为整个德国古典哲学理论体系的生发点，不仅推动了人类理性的发展、思维的跃迁，并且影响了真理观和历史观的演进，推动了整个德国古典哲学的逻辑进程。但是，在对于德国古典哲学的研究中，将 "自我意识" 的逻辑演进作为线索探讨整个德国古典哲学的逻辑演变，这条研究路径却被忽视了；也极少有学者用自我意识的变革来解释整个德国古典哲学的理论变革。

在近代哲学以来的基本问题——"思维与存在的关系" 问题的视域下，从逻辑演进的角度探讨 "自我意识" 的发展对于德国古典哲学

---

① 康德. 纯粹理性批判 [M]. 李秋零, 译. 北京：中国人民大学出版社，2004：A-Ⅺ.

的影响，探求"自我意识"的逻辑演进与德国古典哲学逻辑演进的内在同构性；进而展现人类对于真理的不懈追求，体现人类对于实现自由和人本质的渴望，正是本书研究的主旨所在。分析"自我意识"在德国古典哲学的逻辑进程，不仅可以使我们对于德国古典哲学的内在逻辑演变有更为深入的了解，还能解释德国古典哲学对于现代哲学包括马克思哲学实现哲学转向的深刻影响，体现出"自我意识"与形而上学样态变革的同构性，引发我们在哲学研究工作中对于整体性和逻辑性视域的重视。

1.2 选题的国内外研究现状

1.2.1 国外研究现状

一直以来对于德国古典哲学的研究都是西方学界的重点，其中也不乏对于德国古典哲学"自我意识"理论的关注，只是这些研究大多是从主体性、观念论自我等作为研究视角。国外对于德国古典哲学"自我意识"的研究主要集中在对于康德、费希特、谢林和黑格尔的个人思想的研究或者两者的比较上，从德国古典哲学的整体脉络出发去探讨"自我意识"的发展对于德国古典哲学影响的文章和著作比较少。

1.2.1.1 德国当代学界对于德国古典哲学"自我意识"理论研究

在当代德国，对于自我意识的研究主要集中在海德堡学派，出发点是康德的先验哲学。主要的代表人物是亨里希，他是海德堡学派的领军人物，代表作有《理性的统一：论康德哲学》[1]和《康德与黑格尔之间：德意志唯心主义讲演录》[2]。他对于康德先验演绎的研究和理解是"把统觉的综合统一解释为一种能力"[3]，这为德国古典哲学中对于自我意识的理解奠定了基础，他在《康德先验演绎的证明结构》中，将康德的第二版先验演绎部分做了分析，并定义为"一个证明中的两个步骤"[4]，即直观的步骤和综合的步骤。他的学生占据了德国哲学界的大量关键席位，此外还有弗兰克和普罗斯等人。他们也都是把康德的主体概念作为了他们各自研究的出发点，只是所用的研究方法不同。海德堡学派一方面十分重视德国古典哲学的意志哲学的研究，主要视角是其动机历史性；另一方面，由于对于自我意识的解释不仅要避免落入循环和倒退，还要与语言分析哲学传统的继承人进行辩论。从20世纪90年代至今，海德堡学派对于主体性和自我意识的研究主要分为了两条不同的路径，一是研究自我意识的具体结构；二是研究自我意识在观念论哲学中的发展。亨利希认为，康德的"我思"是伴随着我们的具体认知意识出现的自我确定，是实现知识的第一原则，但他也提出康德关于自我意识在确定自身方面采取了"回避理论"，而费希特正是据此发现了自

---

[1] Dieter Henrich. The Unity of Reason: Essays on Kant's Philosophy [M]. Cambridge: Massachusetts-Harvard University Press, 1994.
[2] Dieter Henrich. Between Kant and Hegel: Lectures on German Idealism [M]. Cambridge: Massachusetts-Harvard University Press, 2003.
[3] Frank Kuhne. Selbstbewußtsein und Erfahrung bei Kant und Fichte: Über Möglichkeiten und Grenzen der Transzendentalphilosophie [M]. Hamburg: Felix Meiner, 2007: 70.
[4] Dieter Henrich. The Proof-Structure of Kant's Transcendental Deduction [J]. The river of Mataphscis, 1969, 22 (4): 640-659.

我意识的"预设假设"和"反思循环"①的问题，论证了自我意识问题的不可消除性。

海德堡学派对于后现代思潮中关于自我意识的走向表达了强烈的不满。亨利希试图重新在德国古典哲学的基础上，找到一条并非返回古代，或者求助于艺术、或诉诸非理性的道路去解决现代性问题。他提出，要摆脱现代性控制就要依靠自我意识的不可消除性引入对宗教哲学的探讨，通过现代性规范的建立与对现代性控制的合理批判，建立起一条新道路，这成了新世纪宗教理解的核心问题之一。而亨利希的学生们对于自我意识的研究呈现出了多元化的趋势。正如瑞士卢塞恩大学教授卡伦·格洛伊在 1988 年的武汉国际学术讨论会上所做的关于自我意识问题的学术报告中指出的那样，亨利希的学生们大多对于自我意识以及与自我意识相关的意志、自由、实在、逻辑等问题或它们之间逻辑关系问题感兴趣，随之研究方式也发生了改变，促使英美心灵哲学和德国古典哲学相结合的分析哲学受到了大家的关注。如赫斯费尔德以及科赫，就是从分析哲学出发，对自我意识进行研究的，他们通过将德国古典哲学中的"自我意识""理性""自由"等核心概念用于英美传统哲学中，使行动哲学和认知理论相结合，推动了理性问题的再次发展，使德国古典哲学融入了当代潮流，扩大了理性的探讨范围。

---

① 参照 Henrich 的著名论文 Fichtes ursprüngliche Einsicht 和 Fichtes<Ich>，费希特所发现的自我意识的反思模型的循环性在于两点：一是，自我通过自我意识（意识的自我反思）造成了一种区别，即自我在自我意识中将自己区别为主体我（Ich-Subjekt）和对象我（Ich-Objekt），而该主体我和对象我之间的一致恰好构成了自我意识。这就是说，一个关于自我的反思理论已经预设了自我作为反思的主体（主体我）和反思的对象（对象我）的统一：自我通过反思所要解释的对象已经被设定为解释的前提，而在自我意识的反思性解释中，自我本来应该必须被看作是主体我和对象我的同一性的结果。二是，自我意识要求主体我必须直接认识到它自己与对象我是同一的，否则它会导致一种无穷递推，也就是不断地预设自我意识（主体我和对象我的同一体）本身作为认识或者解释自我意识的条件。

而近年来，德国学界以后现代的视角从主体间性、存在论等问题出发，重新为德国古典哲学的自我意识理论的理解提供了新的视角，如将费希特的自我、非我之间的无限性与有限性的辩证运动理论作为后现代哲学中主体间性的思想来源；将谢林后期的哲学思想做存在论的解释等等。如德国学者霍尔斯特·富尔曼斯在《谢林哲学的转变和后期思想的核心》[①]的文章中就提到了谢林后期的思想是将哲学与宗教、理性与信仰结合了起来，其神学是一种"存在的原始神学"，以神义论为出发点探讨了人类生存的现实处境，完成了从"原初存在"到"神"的过渡，而且并不是依靠形而上学的先验设定而是基于对"存在"张力的结构分析，且作者用后现代哲学中的"能在""必在"和"应在"描述了这一张力的三个级次。弗莱堡大学的学者劳赫·胡恩的文章《海德格尔与谢林的哲学对话》[②]，也提到谢林晚期的思想划定了德国观念论的边界并称其构成了海德格尔探讨存在的先声或前史，作者指出，在与谢林的对话中海德格尔获得了启示，转向批判形而上学以及存在自身的"存在历史思想"。而对于谢林后期的思想，学者们也多认为是与其前期建构形而上学的思想完全相反的克服形而上学的思想，如波恩大学的学者马库斯·加布里埃尔在《不可预思之在与本有——晚期谢林与后期的海德格尔的存在概念》[③]一文中就指出，谢林晚期思想与海德格尔后期思想最相似的一点就是关于克服传统形而上学的努力，他们都想要建立一种不同于柏拉图传统的历史性存在概念，寻求一种新的存在主

---

① 霍尔斯特·富尔曼斯. 谢林哲学的转变和后期思想的核心 [J]. 邓安庆, 译. 德意志思想文化评论（第三卷），2007：152-166.
② 劳赫·胡恩. 海德格尔与谢林的哲学对话 [J]. 庞昕, 译. 社会科学家, 2017 (12)：27-33.
③ 马库斯·加布里埃尔. 不可预思之在与本有——晚期谢林与后期的海德格尔的存在概念 [J]. 王丁, 译. 哲学分析, 2018 (10)：53-70.

义。因此，对于以德国古典哲学为视域的研究来说，谢林自我意识理论的哲学思想多是集中在对其前期思想的探究，以确保德国古典哲学建构形而上学体系的逻辑完整性，如德国学者汉斯·费格尔的《作为德国唯心主义完成者的谢林》[①]一文中就秉承的这种传统，其指出，谢林为了打破费希特反思性自我的逻辑困境将自我意识跨越了主体性界限，作为"第一性的东西"，这种绝对的自我意识使认知以及使对反思的直观——"智性直观"成为可理解的，并且提出谢林开启了不仅把"善"也把"恶"作为人类自由选择权的哲学空间，在此意义上达到了唯心主义的边界。

1.2.1.2　当代英语国家对于德国古典哲学"自我意识"理论研究

英语国家对于德国古典哲学"自我意识"理论脉络的研究较少，比较著名的学者有马丁、莎莉·塞奇威克、弗兰克·曼弗雷德和罗伯特·皮平等。其中弗兰克·曼弗雷德比较重视自我意识的基础作用和自身的发展演变，他在《自我意识理论的历史片段，从康德到克尔凯郭尔》[②]一文中指出，笛卡尔、康德和费希特的哲学有一个共同点，就是都将自我意识作为知识的最高原则，自我意识是他们哲学思想的生发点，他们都是从自我意识中演绎出的所有命题。莎莉·塞奇威克也是同样的观点，他在《费希特、谢林和黑格尔对于康德批判哲学的继承》[③]中指出，康德、费希特、谢林和黑格尔的哲学思想都是从自我意识出

[①] 汉斯·费格尔. 作为德国唯心主义完成者的谢林 [J]. 翟欣，译. 德国哲学，2017（2）：163-196.

[②] Frank Manfred. Fragments of a History of the Theory of Self-Consciousness from Kant to Kierkegaard [J]. Critical Horizons, 2004：136-153.

[③] Sally Sedgwick. The Reception of Kant's Critical Philosophy: Fichte, Schelling and Hegel [M]. Cambridge: Cambridge University Press, 2007.

发，而最终目的都是建立自己的形而上学体系。持同样观点的还有学者马丁，他在文章《从康德到费希特——在后康德哲学视域下重新审视费希特早期知识学》[1]中指出，从康德哲学到费希特哲学都是对于自我认识能力的研究，展现出了人的理论和实践能力的深刻统一性。而罗伯特·皮平的观点比较不同，他在文章《自我意识在唯心主义逻辑理论中的意义》[2]中指出，康德哲学中的逻辑方法发生了变化，他的先验逻辑中就包含了对于意识的判断，由此康德才将自我意识作为了其哲学的核心问题，用以体现其逻辑的先验改变，并且这种逻辑的改变影响了费希特甚至是黑格尔。

相对的，英语国家的学者们比较关注关于"自我意识"的个案研究，尤其是对康德"自我意识"理论的研究成果比较丰富。在《剑桥指南：康德》[3]的附录书目中有以下三本以"自我意识"为主标题的专著：鲍威尔的《康德的自我意识原理》，亨什的《经验和自我意识：关于康德的范畴演绎》，以及贝克的《自我意识与经验——康德的先验论证和论证重构》。其中鲍威尔的思想影响比较深远，他提出要进入康德的批判哲学，需要把康德的统觉概念作为整体去理解。布鲁克和皮平、阿利森等人都受到了他的理解的影响，而分析哲学家凯斯·霍尔姆和奈格尔同样也是在这种整体性的视域下完成了自己对于康德自我意识理论的理解，深化了对于康德批判哲学体系的研究，加深了康德与自我意识相关的自律、自由等观点的理解。而对于费希特自我意识的研究，多集

---

[1] Wayne Martin. From Kant to Fichte—in the context of the post-Kantian intellectual review of the early knowledge of Fichte [J]. Cambridge Companion, 2006: 1-28.
[2] Pippin Robert. VII-The Significance of Self-Consciousness in Idealist Theories of Logic [J]. Aristotelian Society, 2014: 456-461.
[3] Paul Guyer. The Cambridge Companion to Kant [M]. Cambridge: Cambridge University Press, 2006: VII.

中在他的"知识学"体系等相关问题中。新康德主义者文德尔班在其编写的《哲学史教程》中写到了自我意识的重要性，他认为"唯心主义的原则就是自我意识"①，自我意识与客观事物具有一致性，因此能作为解释经验的基础，而费希特的知识学也是由此才成为可能，同时自我意识具有一种感知行为能力，可以将意识作用于事物的本体存在，或者说是将事物本体存在转化为意识，也就是费希特的知识学实际关注的重点在于自身与意识的关系。关于谢林自我意识的研究，与康德、费希特突出不同的就是开启了直观性和历史性视角。学者安斯·康姆是师从维特根斯坦的著名分析学派哲学家，其在《形而上学和心灵哲学的第一人》②一书中指出，谢林哲学中的"自我"不是一种指称的载体，"我"不属于逻辑上或者语法上的指示代词或单称代词的范畴，"我"强调一种先验上的意识存在只同它自身相同一。持相同观点的学者还有之前提到过的莎莉·塞奇威克，她在著作《费希特、谢林和黑格尔对康德批判哲学的继承》③中指出，谢林自我的同一性体现在自我意识的发展已经不再是简单的外部影响，而是自然意识的延伸，谢林的自我意识在自然哲学的语境中，是能够来表达历史的。近年来在英语国家有一些学者，如哈佛大学科西嘉德、博伊勒等人，也开始从事德国古典哲学和分析哲学结合领域的研究。其中比较著名的是匹兹堡学派和芝加哥学派，代表人物是麦克·道威尔和布兰顿等。他们把研究重点从康德转向了黑格尔，分析哲学更加关注黑格尔的哲学思想，他们将去除黑格尔逻辑学的神秘性作为努力的目标，更加关注对于自我意识的结构、作用的

---

① 文德尔班.哲学史教程［M］.罗达仁，译.北京：商务印书馆，1987：801.
② Gertrude Elizabeth Margaret Anscombe. The First Person in Metaphysics and the Philosophy of Mind［M］. New Jersey：Wiley Blackwell，1983：14-19.
③ Sally Sedgwick. The Reception of Kant's Critical Philosophy：Fichte, Schelling and Hegel［M］. New York：Cambridge University Press，2000：164-185.

分析以及自我意识与黑格尔逻辑学之间的关系。而关于黑格尔自我意识理论的研究基本都集中在对于他著作《精神现象学》的研究中。

1.2.1.3 国外与德国古典哲学"自我意识"理论相关的其他方面研究

学者们基本认可德国古典哲学是一个完整的体系，可以说近20年来英语国家的学者们已经达成了这一共识。罗伯特·皮平在其著作《黑格尔的思想理论》[1] 中指出，应该把黑格尔解读为"完成"康德，黑格尔完成了康德构建一个新的形而上学体系的规划。安得烈·塞思·普林格尔-帕特森在《从康德到黑格尔的发展》[2] 中指出，黑格尔虽然在哲学的基本立场上与康德是相左的，但黑格尔的研究所显出的大方向仍然是承接了康德的形而上学，如果没有康德的《纯粹理性批判》中"超验的辩证"的话，黑格尔的辩证法也就无从谈起。威廉·安德鲁·贝隆在其书《历史支点：黑格尔、谢林与荷尔德林的历史哲学》[3] 中指出，应该把德国古典哲学当作是一个连贯的哲学体系。他认为，应该从德国形而上学体系的完整性出发来研究其中某一位哲学家的思想，康德形而上学是德国形而上学体系建立的一个环节。

"自我意识"的发展涉及了"先验"与"知识学"的发展，影响了人类理性思维方式的变革，进而与整个德国古典哲学逻辑体系息息相关，这一点得到了众多学者的认可，从20世纪70年代至今英语国家的学者们几乎都秉持着这种观点。如克劳斯·哈特曼在他的代表作《〈黑

---

[1] Pippin Robert. Hegel's Idealism：The Satisfactions of Self-Consciousness［M］. Cambridge：Cambridge University Press，1989：40-59.

[2] Andrew Seth Pringle-Patterson. The Development from Kant to Hegel［M］. Cambridge：Cambridge Scholars Press，2010：12-27.

[3] William A. Behun. The Historical Pivot：Philosophy of History in Hegel, Schelling, and Hölderlin［M］. New York：Tri-City Press，2006.

格尔：一种非形而上学的观点》黑格尔：一种批判思维》[1] 中指出，黑格尔形而上学可以解释为"一种纯粹的范畴理论"，黑格尔要用思维的术语把"经验到的事实"变成一种理性必然性的重构，其载体是概念，过程则是辩证的。波兰学者泽麦克认为谢林的形而上学是康德和费希特形而上学"先验性"的推进。他在《康德之后的两种思维范式——谢林与费希特的对立》[2] 一书中提出，费希特的思维范式就是通过对先验哲学进行不断地自由陈述，构造出先验哲学真正的思维层次；谢林的思维范式就在于把"先验性"的方式用于这种思维本身，作为一种前提应用。安得烈·塞思·普林格尔-帕特森其在著作《从康德到黑格尔的发展》[3] 中指出，康德由于坚持先验的知识，并认为知识是完全独立的，从这个意义上来说他已经成为一个新的形而上学的创始人，康德真正想做的是改变科学的观念，建立一个完整的不同于科学的哲学体系。科瑞德利在其名为《康德、费希特和谢林对德国唯心主义的挑战》[4] 的书中指出，对于德国古典哲学的挑战在于对其之前的思维方式的挑战，即对经验概念的思维方式的挑战，同时也是研究方法的挑战，即用综合的方法发展了分析的方法。美国学者马丁在其文章《从康德到费希特——在后康德哲学视域下重新审视费希特早期知识学》中指出，费希特把自我视为一种预设的前提，由此建立表象和判断能力。他把费希

---

[1] Hartmann Klaus. Hegel: A Non-Metaphysical View, in Hegel: A Collection of Critical Essays [M]. Indiana: University of Notre Dame Press, 1972: 114-129.
[2] M. J. 泽麦克. 康德之后的两种思维范式——谢林与费希特的对立 [J]. 梁志学摘译. 世界哲学, 1988 (6): 70-73.
[3] Andrew Seth Pringle-Patterson. The Development From Kant to Hegel [M]. Cambridge: Cambridge Scholars Press, 2010: 22-37.
[4] Jason M. Wirth. Kyriaki Goudeli, Challenges to German Idealism: Schelling, Fichte and Kant [M]. London: Oxford University Press, 2002: 34-59.

特的先验研究描述成"探究我们认知能力的构成要素"[①],认为费希特哲学就是知识学,是一种从感性中设定理性的哲学。

自我意识与理性自由相关,艺术和伦理领域是研究德国古典哲学的学者们很重视的一个研究领域。如德国哲学史家艾伦伍德,在他的文章《自由发展:德国古典哲学中的自由权利与伦理学研究》[②]中指出,德国古典哲学的主要领域在于超越经验知性的"理性"领域,其中"自由"是德国古典哲学的关键主题。而关于谢林艺术领域自我意识的作用的研究也从很早就开始了,如俄国学者古雷伽认为,谢林形而上学的目的是艺术,直观是手段。其在《德国古典哲学的新论》[③]一书中指出,谢林把科学和艺术结合到一起,其中知识是准备,作为创造的艺术才是目的,理智直观就是达到这目的的手段。但近几年比较新颖的是从康德、费希特、谢林的"认识论"出发,探讨"直观"对于理性领域界限内的伦理和美学的作用。德国学者赫费认为,康德不只是在人们通常认为的只在《实践理性批评》中谈论了他的伦理学,他的《纯粹理性批判》就是一部"实践哲学"著作,康德在他的知识理论中也同样贯彻了他的"道德意图"。艾伦·伍德也在他的著作《费希特的伦理思想》[④]中指出,费希特采取了"自我定位"的方式,然后推导出一系列结论。他认为,费希特是用自我的"绝对化"将上帝的实在性进行了主观消解,宗教成了从自我出发演绎出的理性人文主义。缇蒙斯·马克

[①] Wayne Martin. From Kant to Fichte—in the context of the post-Kantian intellectual review of the early knowledge of Fichte [J]. Cambridge:Companion Press,2006:16.
[②] Allen Wood. The Free Develoment of Each:Studies on Freedom Right,and Ethics in Classical German Philosophy [M]. New York:Oxford University press,2016.
[③] 古雷伽. 德国古典哲学新论 [M]. 沈真,译. 北京:中国社会科学出版社,1993.
[④] Allen Wood. Fichte's Ethical Thought [M]. New York:Oxford University press,2016.

的代表作为《意义与制度：康德伦理学论文集》①，他认为康德开启了伦理学的研究。在康德哲学中，人类的认识能力具有普遍性确保了知识的普遍性，而人类的生活行为也要有普遍性，能确保人类实践生活普遍性的只有靠道德约束，人类实践活动是构成社会道德准则的基础，同时也是人类道德责任的反映。

1.2.2　国内研究现状

知网上可查的硕博论文（2002年至2022年初）：题目中带有"自我意识"的，大约二百余篇，主要分布为：教育学、心理学、文学和美术等专业，哲学相关大约二十余篇。对于自我意识的研究国内目前大体可以分为以下几个方面：

1.2.2.1　以本体论为视角的德国古典哲学"自我意识"理论研究

自我意识的本体论意义是指"自我意识"具有存在论根据意义上的主体性和实体性地位，特别表现在康德和费希特哲学中。国内将"自我意识"视为本体的观念主要有两种观点：其一认为，"自我意识"是由近代笛卡尔开启的，是对"我在"实体地位的本体论发展。其二认为，"自我意识"是人类的共同意识，具有本体的主体性特质。

国内关于"自我意识"理论比较详尽的研究成果是倪梁康的《自识与反思》，倪梁康主要对"自我"理论相关的概念进行了区分。他认为，德文的Ichbewusstsein与selbstbewusstsein都被译为自我意识是不正确的，因为在德文中，Ich和selbst是有区别的：Ich对应的英文是

---

① Mark Timmons. Significance and system: essays in Kant's ethics [M]. New York: Oxford University Press, 2017.

"I"、中文是"我";selbst 对应的英文是"self"、中文是"自身、自己",而"自身"(selbst)是比"自我"(Ich)更为本源的概念。他据此在《自识与反思》的第十讲中,分析了康德和费希特哲学,他认为康德哲学中的自我意识应该译为"自身意识",指意识本身,强调"所有可能的析取和衍生种类都必须从自我意识中推导而来"①。他指出,只有当说明理性内部的关系时,才会使用德文 Ich;也就是当涉及判断理性内部所具有的主体和客体的关系时,才会使用"自我意识"。因此费希特哲学中也应是"自身意识",但有一点与康德不同的是费希特哲学开始的起点就是"自身意识",费希特的知识学就是在探讨意识作为"自身意识"的可能性,他的知识学原理就是通过论证"自身意识"的可能性而产生的。倪梁康老师提出,"欧洲哲学史上严格意义的主体性哲学,即个体自我的主体主义哲学,乃是从费希特开始的"②。国内年轻学者黄振地也比较重视自我意识的理论研究,其有两篇文章涉及了本体论视域。在《论自我意识的哲学演变》③一文中,她指出,自我意识有两条发展路径,一条路径是从理论到实践,另外一条是从个体到社会。其强调"自我意识"是人类的共同意识。在《论"自我"概念的哲学演变》④ 中她指出自我概念哲学演变的内在机制在于它的反思能力,自我意识本身就具有主客二分性,近代笛卡尔"我思"故"我在"开启了主客二分,从而使得"自我意识"的概念也得到了发展。吉林大学的吴宏政教授,也有一篇与自我意识相关的文章《先验思辨的开

---

① 倪梁康. 自识与反思:近代西方哲学的基本问题 [M]. 北京:商务印书馆,2002:169.
② 倪梁康. 自识与反思:近代西方哲学的基本问题 [M]. 北京:商务印书馆,2002:206.
③ 黄振地. 论自我意识的哲学演变 [J]. 大连大学学报,2005(10):35-37.
④ 黄振地. 论"自我"概念的哲学演变 [J]. 内蒙古民族大学学报(社会科学版),2006(2):74-76.

端——费希特对先验自我的形而上学知识体系的构建》①,他是在自我意识的本体论意义中探讨了费希特的哲学思想,他指出,费希特知识学形而上学的建立,要求费希特的自我要从康德的主观性思维方式中对待自我的态度中摆脱出来,而把自我作为精神实体来看待。也就是说自我不仅仅是我们人类思维的主观形式,而且应该是包含着客观内容的精神实体。而对于谢林哲学中本体论思想的研究多集中在谢林晚期的哲学思想的研究中,如王建军所著的《灵光中的本体论——谢林后期哲学思想研究》②,在这本书中,王建军从本体论和神学背景出发,将谢林哲学与现代西方哲学联系起来。可以说目前学者在研究谢林的本体论思想时,大多都是从后现代哲学的视角出发的,如倪逸偲与先刚合著的《斯宾诺莎—谢林:建立一种"力量本体论"的尝试》③一文则依托后现代哲学的视角,从存在理论的观点探讨了斯宾诺莎《伦理学》中的"力量"概念与谢林中期哲学中"潜能阶次"理论的关系,尝试建立一种从基础性存在概念到现实存在理论的动态的全新本体论框架。学者王丁在关于谢林的思想方面有很多独到的见解,在《本原的二重性与统一——论谢林最终的哲学方案》④一文中,其指出谢林通过对本原的彻底思索以及对黑格尔的批判,依据本原内部"超越性"和"全体性"的二重化特质在晚期做出了"否定哲学"和"肯定哲学"的区分,进而最终以对自由的三重刻画完成并终结了本原概念。

---

① 吴宏政. 先验思辨的开端——费希特对先验自我的形而上学知识体系的构建 [J]. 哈尔滨工业大学学报(社会科学版),2013(5):70-75.
② 王建军. 灵光中的本体论——谢林后期哲学思想研究 [M]. 天津:南开大学出版社,2004:1-12.
③ 倪逸偲,先刚. 斯宾诺莎—谢林:建立一种"力量本体论"的尝试 [J]. 南京社会科学版,2019(5):42-48.
④ 王丁. 本原的二重性与统一——论谢林最终的哲学方案 [J]. 云南大学学报(社会科学版),2019(4):13-20.

1.2.2.2 以认识论为视角的德国古典哲学"自我意识"理论研究

统一主体和客体是德国古典哲学的主要任务，而这种统一的方式是围绕着"自我意识"展开的，如康德用"先验自我"实现了现象界之内思维与存在的统一，费希特用"绝对自我"实现了自我和非我的统一，谢林用"绝对"实现的自然与"自我"的同一以及黑格尔用绝对"理念"完成了自然与精神的统一。主体认识客观自然是在自我意识中发生的，因此，自我意识也就成了认识论探讨的重要载体。国内学界对于德国古典哲学的认识论研究也都将自我意识作为研究的重点，尤其是对于康德和费希特的思想研究。

国内关于康德哲学的研究影响比较大的是李泽厚先生和邓晓芒。在李泽厚的《批判哲学的批判》一书的第五章中他主要讲了关于康德哲学中的认识论部分，并指出这个部分就是康德"自我意识"理论的部分，也是《纯粹理性批判》精华的部分、难懂的部分。李泽厚认为，"自我意识"在康德哲学中体现了人的认识能力，这是一种建构能力。先验自我作为一种认识形式只能在经验意识中存在，并能在其中建构出"对象"，进而形成认识。所以他认为先验自我是由自我意识与对象意识的相互依存所构成的认识能力，且"只有先验统觉将知性的概念范畴运用于感官经验之上，对象意识才有可能"①。李泽厚强调了物自体作为不可知的存在，并不是没有意义的，在康德看来，道德伦理是比认识更为重要的部分，而物自体就是为道德领域服务的，它是康德道德领

---

① 李泽厚. 批判哲学的批判：康德述评 [M]. 北京：生活·读书·新知三联书店，2007：168.

域中"积极的本体"①。邓晓芒认为康德的"三大批判"都是建立在先验自我之上的,他在《德国古典哲学讲演录》②中指出先验自我具有两种能动性,一种应用于认识,另外一种应用于物自体。虽然这两种能动性都来自同一个先验自我,但是只有在物自体领域才能体现出先验自我自由的能动性,而康德的所谓"判断力"就是实现同一自我的钥匙。费希特"自我意识"思想主要体现在他的知识学体系中,可以说他的整个知识学就是他的"自我意识"理论。而对于费希特哲学,国内学者普遍认同其哲学体系的建构起点是康德哲学。学者梁智学就秉持这种观点,在《费希特哲学思想体系简评》③一文中,他指出费希特想要创建一个形而上学体系,他受康德哲学的影响也是从自我出发,但是他要打破康德哲学中物自体和其表象之间的界限,所以他虽然也承认先验,但他要打通"自我"与"非我"建立一个绝对的知识学体系,他的"绝对"完全是在"自我"中实现的。基于此,他的知识学体系也有人理解为主观知识学。吴海龙在其文章《论费希特知识学体系的逻辑架构及其局限性》④中提出的,费希特的整个知识学体系就是从绝对自我出发的,是由绝对自我中的自我与非我的相互限制而产生的,它们通过相互运动、不断超越对方的限制,最终又回归到绝对自我之中;这个过程虽然是辩证的,但从开始到结束都完全是在主观意识中完成的。关于谢林与黑格尔从认识论的角度探讨自我意识的研究多集中在主客统一或

---

① 李泽厚. 批判哲学的批判:康德述评 [M]. 北京:生活·读书·新知三联书店,2007:247.
② 邓晓芒. 德国古典哲学讲演录 [M]. 湖南:湖南文艺出版社,2017:47-64.
③ 梁智学. 费希特哲学思想体系简评 [J]. 安徽大学学报,2005(6):7-14.
④ 吴海龙. 论费希特知识学体系的逻辑架构及其局限性 [J]. 东岳论丛,2011(11):90-93.

思维方式的变革上。如学者蔡学英的《谢林哲学中的自我意识》[①] 一文就提出了这方面的观点，其认为谢林是以自我意识为他哲学体系的逻辑起点，自我意识是谢林知识学体系的理论基石，并且谢林区分了同一性的自我与作为活动的自我意识。自我意识在谢林哲学中不仅是构成精神界与自然界，实现主体与客体统一的关键，而且在建构知识的过程中体现了辩证法的精髓，对黑格尔具有深刻的启发作用。学者佘诗琴的《荷尔德林〈判断与存在〉与早期谢林》[②] 一文，提出谢林是想用他的"同一哲学"将哲学最高原则置于比费希特的"我"更高的位置：在一个"绝对"之中，这个"绝对"既是主体又是客体，但同时也非二者，而是其二者的绝对"同一"。谢林把这个"绝对"就称之为"我"，并赋予其一种自我认识的关系。叔贵峰教授的《论谢林在〈先验唯理论体系〉中哲学立场的知识论转向》[③] 一文，也是从认识论角度研究了谢林的自我意识理论，从谢林开启知识学转向出发，论证了谢林实现了将客观内容沉淀到自我意识之中，进而完成了自然哲学与先验哲学的统一，涉及了德国古典哲学中思维方式的变革和逻辑上的跃迁。而对于黑格尔在此方面的研究也多集中在关于其辩证法思想的基础之上，故而单列在下。

1.2.2.3 以形上思维方式为视角的德国古典哲学"自我意识"理论研究

从笛卡尔确立了"我思"开始，以"我思"为对象的思维方式便

---

① 蔡学英. 谢林哲学中的自我意识 [J]. 江西社会科学, 2014 (10): 30-33.
② 佘诗琴. 荷尔德林〈判断与存在〉与早期谢林 [J]. 湖南行政学院学报, 2015 (1): 105-109.
③ 叔贵峰, 周帅辰. 论谢林在〈先验唯理论体系〉中哲学立场的知识论转向 [J]. 吉林师范大学学报 (人文社会科学版), 2019 (7): 79-83.

被确立为"反思",它区别于对于经验对象的表象思维方式,"反思"也成了哲学思维方式的理论特质。德国古典哲学正是将"反思"指向了自我意识,从而完成了哲学思维方式的理论建构,因此,国内学界也从思维方式作为研究视角展开了对于自我意识的研究。主要有以下两个方面:一是从"先验自我"入手的"先验演绎"的思维方式,二是以辩证的视角进入的思辨思维方式。

卜祥记在《试论德国古典哲学关于"自我"的思辨构建》[1] 一文中指出,在先验感性论中,康德把"纯粹直观的形式"看作是"主体"和"自我意识"。德国古典哲学关于"自我"的思辨哲学的建构,经历了从康德的"先验自我"到费希特的"行动自我"以及谢林的"绝对同一"的"自我"的逻辑发展过程,并在黑格尔哲学中达到最高、最抽象的同一。学者王剑在《从近代西方哲学的第一次转向看自我意识的扬弃》[2] 中也表达了相同的思想,他认为,自我意识是人类所特有的思维形式。从哲学史的维度把握自我意识扬弃的路径,有助于积极推动人类主体的自我反思进程,并在此基础上质疑"自我中心论"及"理性本体论",进而重新定位并诠释人类理性及主体地位,调试当下的实践行为和理念。邓晓芒在《黑格尔辩证法为形式逻辑的奠基》[3] 一文中指出,形式逻辑开始于亚里士多德的《工具论》,这也是知性思维的标志,康德提出了先验逻辑企图超越形式逻辑,但他并没有改变知性思维方式,黑格尔的辩证法才是从根本上超越了知性思维的形式逻辑,因为

---

[1] 卜祥记. 试论德国古典哲学关于"自我"的思辨构建 [J]. 徐州师范大学学报,2005(8):97-102.
[2] 王剑在. 从近代西方哲学的第一次转向看自我意识的扬弃 [J]. 晋阳学刊,2009(5):67-70.
[3] 邓晓芒. 黑格尔辩证法为形式逻辑的奠基 [J]. 云南大学学报(社会科学版),2010(3):3-7.

辩证思维要求我们关注的是形式上和现实的客观内容的统一。国内对于黑格尔"自我意识"思想的研究多基于对其《精神现象学》的理解和研究的基础上。影响比较大的是张世英先生所著的《自我实现的历程》①，张先生对黑格尔的《精神现象学》进行了全面的理解和分析，提出对于黑格尔哲学自我意识的理解要在思辨思维的基础上进行，强调对于思辨哲学思维方式的训练。国内黑格尔著作翻译的权威贺麟先生指导他的学生高全喜完成了《自我意识论》②一书，在书中高全喜提出，自我意识理论要注重辩证法的使用，而主奴关系则是黑格尔实现"现实自我意识"的关键。杨云飞在其论文《〈精神现象学〉中的主奴关系解析》③中指出，主奴关系构成了黑格尔自我意识论的核心。对等主体之间的相互承认是自我意识发展的最初目标，而主奴关系最终发展阶段是：自我意识认识到内在的思维，而不是外在的地位。韩金起《对自我意识之间依赖关系的探究——读黑格尔〈精神现象学〉》④一文也是以此为视角，论述了自我意识之间处于一种依赖关系而非统治与被统治的关系，而这一点正构成了黑格尔自我意识理论的独特之处，同时对于理解马克思的学说具有重要的借鉴意义。肖超在其文章《试论自我意识的辩证结构——读黑格尔〈精神现象学〉》⑤指出，对象意识和自我意识是统一意识的两个不同方面：它们处于同一个意识折返运动的两

---

① 张世英. 自我实现的历程：解读黑格尔《精神现象学》[M]. 山东：山东人民出版社，2001：15-34.
② 高全喜. 自我意识论：《精神现象学》主体思想研究 [M]. 上海：学林出版社，1990：48-77.
③ 杨云飞.《精神现象学》中的主奴关系解析 [J]. 武汉大学学报（人文科学版），2011（7）：25-34.
④ 韩金起. 对自我意识之间依赖关系的探究——读黑格尔《精神现象学》[J]. 华北电力大学学报（社会科学版），2012（2）：93-96.
⑤ 肖超. 试论自我意识的辩证结构——读黑格尔《精神现象学》[J]. 学理论，2018（3）：101-102.

端，并且通过辩证运动把一方的特性带到另一方，双方接受彼此的"馈赠"从而实现交互作用，但这是性质不同的两类意识，自我意识是对象意识的更高层次。

1.2.2.4 以方法论为视角的德国古典哲学"自我意识"理论研究

德国古典哲学的形而上学本身就是对于科学的超越，从而建构起属于哲学自身的方法，它一直与形而上学的建构联系在一起。从康德到黑格尔，哲学家们都在尝试一种关乎事物"内容"的哲学方法，从而超越原有的形式逻辑的"形式"以及科学方法的"表象"局限，而这些方法都离不开认识的主体——自我意识，因此，自我意识也是德国古典哲学方法论研究的重要之维。国内对康德和费希特"自我意识"理论的理解是从主观思维形式和自我实践法则两方面进行的，因此就有两种方法论与之相对应——知性认识和实践理性。在书中作者强调，对于方法论问题的探索乃是近代西方哲学的"积极开端"。贺麟先生关于费希特"自我"理论的理解，也是从实践的角度展开的。他在文章《费希特的唯心主义和辩证法思想评述》[1]中指出，费希特认为哲学不能从理论的理性或理论的自我出发，而要从行为出发，因为费希特哲学真正的出发点是能动的自我、是实践的理性。陈嘉明《建构与范导——康德哲学的方法论》[2]一书，就是从这两方面分别做的分析。陈老师提出，康德哲学的方法论就是"建构"和"范导"，我们在进行康德哲学批判哲学的理解时也要从这两方面出发。"建构"应用于康德的认识论层面，指的是先验自我对于感性对象的分析，只对经验表象起作用，其所

---

[1] 贺麟. 费希特的唯心主义和辩证法思想评述 [J]. 学术月刊, 1986 (6): 16-25.
[2] 陈嘉明. 建构与范导——康德哲学的方法论 [M]. 北京: 社会科学文献出版社, 1992.

使用的方法是知性思维的方式。"范导"应用于道德视域,指的是先验自我纯粹理性自身的实践法则,能对理性起作用,所使用的方法就是设置"规定性"。在温纯如先生《康德和费希特的自我学说》① 一书中,他将康德的自我分别看作认识主体、道德主体和审美主体;而费希特则是对康德自我学说的继承和推进,将康德的自我理论从"横向"平行的分裂体系发展为"纵向"统一的完整体系、从先验与经验二元论的自我发展到先验一元论自我,突出强调了费希特自我意识的行动性。对于谢林的自我意识理论,学者们基本认可其开创了"智性直观"的方法,如谢地坤在其论文《从原始直观到天才直观——谢林〈先验唯心论体系〉之解读》② 中就充分地表达了这个观点,其指出,谢林的《先验唯心论体系》把全部哲学表述为意识的发展,涵盖了从原始自我直观到理智直观、从理论哲学到实践哲学、从自然合目的论到艺术哲学发展的全过程。而近来,用后现代的现象学方法诠释谢林哲学则成了一种潮流,如韩骁的《原初自然的历史化——梅洛-庞蒂对谢林自然哲学的现象学阐释》③ 一文就通过论述梅洛-庞蒂从知觉现象学与表达现象学的角度,重新诠释了谢林哲学,展现了对谢林原初自然历史化的机制。将数学化的机械自然、绝对精神下的理性自然、泛神论想象下的有机自然等都看作是表达自然方式的方法。王丁的《对自由的诠释作为自由自身的实行——海德格尔、谢林与一种"自由诠释学"的可能》④ 一文

---

① 温纯如. 康德和费希特的自我学说 [M]. 北京:社会科学文献出版社,1995.
② 谢地坤. 从原始直观到天才直观——谢林〈先验唯心论体系〉之解读 [J]. 云南大学学报(社会科学版),2004(1):85-93.
③ 韩骁. 原初自然的历史化——梅洛-庞蒂对谢林自然哲学的现象学阐释 [J]. 哲学动态,2020(3):64-74.
④ 王丁. 对自由的诠释作为自由自身的实行——海德格尔、谢林与一种"自由诠释学"的可能 [J]. 哲学动态,2020(3):75-84.

认为海德格尔与谢林思想的相通之处就在于他们对于作为自由或者存在本原的诠释，其论述了海德格尔通过"躲"在谢林身后，对自我关于存在的追问以一种"去主体性"的方式，在与存在的原初关系中重新理解人的方法。

1.2.2.5 以历史观为视角的德国古典哲学"自我意识"理论研究

德国古典哲学的主基调是理性，这种理性不仅指向自然界，更指向了主体的自我意识，从而将理性在自我意识的生成视为人类的发展史，人类的理性发展史也就是自我意识的发展史，这样，对于德国古典哲学的历史观的研究中也必然触及自我意识。国内关于德国古典哲学"自我意识"历史观方面的研究，大多集中在对于谢林和黑格尔的思想研究方面。倪梁康在其《自识与反思》的第十四讲[1]中指出，谢林对自我意识理论的发展做出了重大的贡献，谢林第一次将自我意识与历史发展和时间联系了起来。谢林从发展的观点出发，将自我意识看作是一种纯粹的行动，不同于以往的经验意识，谢林哲学中的自我能进行一种绝对的行为，无条件地在时间流逝中发挥作用，能实现从意识到实体的转化，在时间的发展中，在自然世界和人类社会中体现出一种自我的历史性。杨文极的《德国古典哲学教程》[2]，邓晓芒的《西方美学史纲》[3]等都是将谢林的哲学思想放置于哲学史和德国古典哲学的宏观背景下，于"整体"之中，从德国古典哲学的起源开始探讨谢林的美学和直观，经过由康德的先验理论理性分析的奠基，突破费希特"绝对自我"统

---

[1] 倪梁康.自识与反思：近代西方哲学的基本问题［M］.北京：商务印书馆，2002：236-255.
[2] 杨文极，石倬英.德国古典哲学教程［M］.北京：中国人民大学出版社，1988.
[3] 邓晓芒.西方美学史纲［M］.武汉：武汉大学出版社，2008：106-145.

一自我与非我的主观体系，并对黑格尔的绝对精神产生影响，表述了谢林的美学意义和其历史哲学的主要观点。关于黑格尔自我意识的历史性体现，倪梁康先生也做了具体的分析。在其《自识与反思》的第十五讲①中，他提出了黑格尔对于自我意识历史性的理解与谢林不同，黑格尔认为自我意识只是历史发展的一部分，并不能将自我意识的发展看作整个历史的发展。他认为，黑格尔不再像康德、费希特和谢林一样将自我意识作为哲学的最高原则，而是将自我意识作为了精神发展的一个阶段，自我意识只是实现绝对精神的一个环节。张澄清先生在《西方近代哲学的终结》一书中指出《精神现象学》实际上描述的就是人自我实现的过程，当达到自我实现"人"就成了一个哲学意义上的"人"，具有"现实自我意识"的人，实现了绝对精神的人，具有了自由本质的人，此时人已经等同于概念，而相应的，人类社会历史的发展过程就可以看作是"被概念式地理解了的历史"②。先刚的《黑格尔和谢林论中国在"普遍历史"中的地位》③一文指出，虽然黑格尔将中国历史看作是历史进程的初级阶段，而谢林将中国历史放置在了历史进程之外，但黑格尔与谢林的历史哲学都继承了康德的"普遍历史"思想。庄振华的《自由、形式与真理——黑格尔与谢林的自由观探析》④一文论述了人类主观的自由意志与生活的客观形式之间的内在相通性，突破了主体性视角，以体系的形式展现了自由意志由事物本身为动力出发得以实

---

① 倪梁康. 自识与反思：近代西方哲学的基本问题［M］. 北京：商务印书馆，2002：261-283.
② 张澄清. 西方近代哲学的终结——读黑格尔《精神现象学》［M］. 社会科学文献出版社，2005：242-261.
③ 先刚. 黑格尔和谢林论中国在"普遍历史"中的地位［J］. 云南大学学报（社会科学版），2011（4）：42-51.
④ 庄振华. 自由、形式与真理——黑格尔与谢林的自由观探析［J］. 哲学动态，2019（1）：94-103.

现的过程,并且强调了黑格尔侧重于展示自由意志合乎事情本身逻辑,而谢林则更注重实存者与自由意志的关系。

综上,"自我"理论的发展引发了认识论转向,形成了主体性形而上学。"自我意识"成了德国古典哲学家们构建未来形而上学的根基。康德的"先验自我"造成了认识论领域中的"哥白尼革命",改变了人们的思维方式;费希特的"绝对自我"推进了康德"先验自我"的发展,其知识学体系的建构不仅具有辩证思想还实现了"绝对自我创世";谢林和黑格尔的"自我意识"理论不仅对于德国古典哲学中知识学体系的建构、真理观的形成和历史观的形成起到了至关重要的作用,还分别完成了知识学转向、由绝对自我向绝对同一的推进;确立了辩证法和思辨反思思维方式……这些关于德国古典哲学"自我意识"的研究成果都成了本文的思想来源和论证依据,为本文提供了强大而丰富的文本支撑。

总结国内外的研究成果,我们可以看出:国外关于"自我意识"的研究,更多地见于对于康德、费希特、谢林和黑格尔的个案研究,或者两者、三者的理论对比中,从整体上研究德国古典哲学"自我意识"仍是缺少的理论视域。德国的"海德堡学派"比较重视逻辑研究,但多是从康德和费希特的关系展开,进而探讨主体性哲学局限性问题。英美学派更注重分析和对比研究,关于个人早期和晚期的"自我意识"理论变化的纵向比较分析较多,或者在多人的哲学思想的横向比较分析中将"自我意识"作为理论原点探讨他们思想之间的关系等等。与国外研究相类似,国内关于"自我意识"的研究,同样存在着重个案,轻整体,重文本,轻逻辑的研究倾向。关于康德的"先验自我"、费希特的"绝对自我"、谢林以及黑格尔的"自我意识"的个案研究都颇多，但很少从整个德国古典哲学的视域探讨"自我意识"的发展演进逻辑。所以国内的研究基本都是基于文本著作中关于"自我意识"理论所做出的分析理解或者对于内容的罗列对比。虽然也有很多对于"自我意识"发展的研究，但多集中于某一个领域，如费希特与谢林在"先验"中对于"自我"的比较研究；在黑格尔哲学中，从有限到无限的"自我意识"的发展研究等；而一些基于德国古典哲学的逻辑研究，却由于缺少了对于自我意识发展的根源探析，进而无法揭示出德国古典哲学的自我意识理论对于哲学思维方式形成的影响以及对于实现"人之为人"本质的作用。

显然，不管国外还是国内关于德国古典哲学"自我意识"理论的研究，目前大多处于个案式或对比式的状态之中；关于德国古典哲学中"自我意识"的逻辑演进、其与德国古典哲学逻辑演变的同构性的研究仍是理论空白。本书在前人研究的基础上，继续扩展了"自我意识"的研究视域，将整个西方哲学史作为一个整体，在主体性哲学中探讨了德国古典哲学"自我意识"发展的逻辑路径，并以此更加全面深入地理解德国古典哲学。关于"自我意识"本身，倪梁康老师的《自识与反思》一书带给我很大的启发，但书中关于"自我意识"的内容由于没有从逻辑上分析"经验""先验""超验"在西方哲学史中的跃迁，仅是从文本分析中，单纯从文字上区分"自身意识"与"自我意识"，而显得难以理解，本文正是在这个基础上为"自我意识"的研究重新寻求了路径。在知网上可查的对于德国古典哲学整体逻辑的研究中，多以视域的转向为主，对于经验向先验的转向、先验向超验知识学的转向，对于知性向理性思辨的转向都有涉及，这给本书的研究奠定了理论基础。本书通过对"自我意识"结构、功能的探究，分析了引起这些转向的原因，论述了作为德国古典哲学的理论内核的"自我意识"在这些转向中的作用，从而得出了"自我意识"在德国古典哲学中的逻辑演进路径。先刚老师在对于谢林"自我意识"思想的研究中很注重自我意识与谢林各个研究视域的相关性，指出了谢林哲学中的"绝对"和"自我意识"对于其思维方式、宗教观、历史观形成的作用，这种整体性的形而上学研究方法启发了我。本书在对于"自我意识"的逻辑发展中更加关注了德国古典哲学的发展，涉及了德国古典哲学中"自我意识"的发展与德国古典哲学逻辑演变的同构性的研究。近年来一些学者从后现代的视角诠释了自我意识理论，试图寻求德国古典哲学与后现代哲学的思想关联，强调德国古典哲学中出现的主体间性思想的萌芽，但却忽视了德国古典哲学中原本强调的自我意识理论中的整体性和"类"的思想，德国古典哲学承担着理性启蒙的任务，启蒙不是强调个体而是要在"类"当中完成人类自我的解放，并且德国古典哲学中的这些宝贵的思想正是马克思主义哲学中重要的思想来源。

1.3　本文的研究方法和理论创新

本书采用了理论研究的研究方法，对"自我意识"在德国古典哲学的逻辑演进以及"自我意识"在德国古典哲学的逻辑演进与德国古典哲学自身逻辑变革的同构性进行了逻辑性梳理和系统性论证。

1.3.1　研究方法

历史和逻辑相统一的方法：本书依据西方哲学史，立足文本内容和问题推动西方哲学发展的观点，以康德、费希特、谢林和黑格尔的文本著作和研究文献为内容依据，探究他们哲学思想中"自我意识"理念的不同样态和内容。沿着"思维与存在关系问题"的逻辑进程，从自我意识的结构和功能展开，在德国古典哲学的宏观进程中，进入德国古典哲学"自我意识"理论内涵变化的过程中探讨"自我意识"自身的内在演进逻辑，用自我意识的变革来解释整个德国古典哲学的理论变革，将"自我意识"的逻辑演进作为线索、探讨整个德国古典哲学的逻辑演变，深化对于德国古典哲学的内在逻辑演变的理解，从逻辑演进的角度解释德国古典哲学对于现代哲学转向的影响，进而体现出"自我意识"与形而上学样态变革的同构性。

综合演绎法：从康德开始，德国古典哲学家们将形而上学自觉地当作一门不同于自然科学的哲学体系来建构，本书在阐明形而上学具有的整体性和逻辑性的体系性特征的基础上，通过对"自我意识"在德国古典哲学各阶段发展中的结构、功能和作用进行考察，分析其所具有的"内容"作为基本要素在德国古典哲学演变历程中所呈现出的变化，进行比较评析，从德国古典哲学思想发展的内在逻辑关联中深入分析德国古典哲学"自我意识"理论的发展路径，论证"自我意识"作为整个德国古典哲学理论体系的生发点，不仅推动了启蒙运动人类理性的发展，并且影响了思维的跃迁、真理观和历史观的演进，关联着整个德国古典哲学的逻辑进程，通过深入分析"自我意识"自身发展对于德国古典哲学发展的影响，综合演绎出德国古典哲学中"自我意识"的逻辑演进与德国古典哲学逻辑演变的同构性。

1.3.2 理论创新

学术思想创新：本书从整体性的视角出发对德国古典哲学中的

"自我意识"理论进行较为完整的探析,强调德国古典哲学中"自我意识"的总体逻辑发展。在以往关于德国古代哲学"自我意识"的研究中,大多做"自我意识"的对比分析,因此经常得出康德的先验自我与黑格尔的绝对精神无关的结论,通过本书的论证可以得出,"自我意识"不仅是主体性形而上学建构所依据的基础要素,而且其自身的"内容"也具有由主观到主客统一、由先验到绝对、由人性向"神性"的形上演进逻辑。正是在"自我意识"的发展中,德国古典哲学最终实现了主观完全认识客观的真理之路,人真正成了主宰一切的"理性上帝",进而完成了理性启蒙。

学术观点创新:第一,本书提出在德国古典哲学中"自我意识"的逻辑演进与德国古典哲学自身的逻辑演变具有同构性。整个德国古典哲学都以建立一个关于真理知识的形而上学为目标,寻求知识、道德领域和历史领域的合理性问题。本文论证了"自我意识"作为主体性哲学的内在原则,作为德国古典哲学家们建构知识学体系的基础,深刻影响了德国古典哲学知识学、真理观和历史观的发展,其发展逻辑与德国古典哲学自身逻辑演变具有同构性,丰富和深化了我国当前哲学界对于德国古典哲学的研究和理解。

第二,本书提出了"自我意识"与形而上学样态变革的同构性。在现代西方哲学中,无论是消解理性主义的"意志哲学转向""实践论转向""语言学转向"或是"现象学转向"中,都显示出了对于哲学立足点的寻求,对人本质的寻求。通过本文的论证我们可以看到,哲学对于真理的追求、对于自由的关照,永远也离不开对于"人"和"世界"关系的追问,每一次哲学的转向都是人类理性发展的一个阶段,从近代哲学的认识论转向开始,人类理性就再也不可能交到上帝手中了,现代哲学的"转向"也不过是人们在不断寻求着自我与外界沟通的最为恰当的"中介"所引发的，这种"转向"也同样可以看作是"自我意识"的再发展，从而引发我们在哲学研究工作中对于整体性和逻辑性的重视。

第 2 章　近代主体性形而上学内在性原则的确立和发展

本体论哲学的特点是，承认本体的真实存在且是现象世界的根据，它坚持的是本体超验存在的"外在性原则"；而认识论形而上学则与之相反，它通过对于人的认识能力进行反思和审视，将主体作为现象世界的根据，坚持的是转向主体的"内在性原则"。近代哲学开启了认识论转向之后，从笛卡尔的"我思"开始至德国古典哲学黑格尔理性思辨哲学体系的建构完成都可以看作是围绕主体而展开的主体性形而上学，如海德格尔所说："作为主体性形而上学，现代形而上学——我们的思想也处于它的魔力中——不假思索地认为，真理的本质和存在解释是由作为真正主体的人来规定的"[1]。故而，"人成为主体"被看作发生主体性形而上学转向的标志。

---

[1] 海德格尔. 尼采（下卷）[M]. 孙周兴, 译. 北京：商务印书馆, 2002: 824.

2.1 西方近代哲学以前主体性思想的理论溯源

早期的古希腊哲学家们以本体论作为哲学理念的范式，确立了本体论的哲学，使得形而上学的对象具有了超验性和理性特征，从而确立了本体论的思维方式和解释原则。"爱智慧之学"的人学路径和"智慧之学"的神学路径，形成了古希腊的自然本体论和中世纪的上帝本体论，分别强调了经验世界和本体世界、尘世和天国的对立，而人的主体性萌芽就在这两条路径中逐步确立并发展起来。

2.1.1 古希腊哲学中人的主体性的客观化

古希腊的哲人们认为存在"一种宇宙生成论意义上的本原"[①]，于是产生了哲学解释世界的方式。巴门尼德的"存在论"确立了本体与现象的二元世界，开启了古希腊哲学追求超验的本体之路，提出了要实现对事物背后普遍本质的认识，这其中不仅暗含着对于知识的解释，同时也确立了本体论的思维方式，"本体"成了世界的根据，也是古希腊哲学家们对于世界万物的解释原则，当然也包括对人的解释。

苏格拉底认为"善"是本体、柏拉图认为"理念"是本体，他们都是在用本体与现实之间的"本末"关系来解释人，不仅将世界二分化了，也将人二分为了感性和理性，并将理性视为人的本性。苏格拉底将世界的最高本体确立为"至善"，在苏格拉底看来，"认识你自己"就是指认识人心灵的内在原则，就是认识"善"，"善"是指事物自身

[①] 王晓朝. 西方哲学精神探源 [M]. 北京：北京大学出版社，2016：69.

的本性，具体到人身上就是"德性"，这是神平均分配给每个人的，潜藏在每个人的本性中，而人并不是一出生就符合人的本性，必须要通过理性的指导，因此苏格拉底把德性与知识等同起来，提出"德性即知识"，无知就会导致"恶"，而趋善避恶是人的本性，即"无人有意作恶"。与苏格拉底不同，柏拉图则将人的本性视为对于"理念"的分有。理念，在柏拉图哲学中是"由一种特殊性质所表明的类"，是超越于个别事物且能作为个别事物的存在根据的实在，"分有"和"摹仿"是理念派生事物的方式。在柏拉图看来，人同其他事物一样也是理念的分有，国王分有了智慧的"理念"，武士分有了"勇敢"的理念，而平民则分有了"节制"的理念，每类人各自遵循自己的理念，才能实现城邦的正义，也就是柏拉图用一个不变的"理念"来规定了个体的人。从巴门尼德到柏拉图，西方本体论的思维方式逐渐清晰起来。亚里士多德通过"实体"弥合了柏拉图的"二元世界"，他根据"种加属差"来为判断中的主语下定义，并产生了述说世界的形式逻辑。"种加属差"成为人们认识一切事物本性的工具，对人的规定亦是如此，"种概念"是对人的归类，而"属差"则是人的本质规定，亚里士多德用一个固定不变的"属差"正式确立了人的本性的本体论认识方式。这种认识人的思维方式对于西方的影响深远，形成了人性的各种观念，如人是政治动物、人是理性动物、人的本性是道德、人是机器等等。

古希腊晚期，由于城邦制的瓦解、连年的战争，人们陷入了对于生、死等人生问题的思考，哲学带有了伦理学的倾向，如伊壁鸠鲁主义、斯多亚学派和怀疑主义，这个时期的哲人们将目光放在了关乎人生死的现实生活和人性上，把寻求人类内心的安宁作为主要目的。伊壁鸠鲁认为，使人们能不受现世和来世迷信的恐惧，最大程度享受当下生活的快乐，就是哲学的任务。他提出，我们可以通过感觉、预见快乐或者痛苦这两种不同的情感来判断真理，快乐就是真理，这是人自然的本性，在伊壁鸠鲁看来，神虽然存在，但其并不能安排世上的一切，我们应该通过真理的活动来消除对于神灵和死亡的恐惧。伊壁鸠鲁所认为的快乐是感官上的快乐，他说"身体无痛苦，心灵无纷扰"就是快乐，快乐是一切的终点和目标，可见，他强调的是一种现世的及时行乐，严格地说这种对于感性的追求具有一种主体局限。斯多亚学派在原则上与伊壁鸠鲁主义正相反，其提出要拒斥感性，按照理性来生活，通过"禁欲"来保持内心的安定，斯多亚学派认为"德性即理性"，人要增强自己内在的"德性"以求获得幸福。在斯多亚学派看来，所有的一切包括个人的生老病死都遵循自然和理性，人应该学习接受自己的命运，在自然面前人人平等，这种"自然"是赋予一切以高尚目标的神圣原则，芝诺称其为"逻各斯"。可见，斯多亚学派主张的是一种"宿命论"，而最终斯多亚学派的四条原则：负面想象、对事物的可控性的三分法、苦修训练、自我反省，成了宗教的伦理守则。与伊壁鸠鲁主义追求感官快乐、斯多亚学派恪守理性规则的思想不同，怀疑主义选择放弃对世界的认知，既不相信感觉，也不相信理性，认为他们都是独断论。怀疑主义主张放弃像古希腊的哲人们一样去追求本体，不要为任何事物动心，他们认为不去思考内心就能得到安宁。由于怀疑主义认为人并不能认识万事万物，只有神才能认识，所以人最好的选择就是对一切都保持沉默。怀疑主义助长了神秘主义思潮的流行，最终与斯多亚学派一样成了中世纪神学的理论来源。显然，人性的发展在古希腊晚期受到了压制。

　　古希腊早期本体论的思维方式将人与物等同，用解释物的方式来看待人；古希腊晚期多年的战争，使人们对尘世充满了绝望，直接抛弃了现世的人性，不再重视当下，现实世界中主体性的沦落，使人们将提升主体性的诉愿放到了来生和对彼岸天国的期盼之中。古希腊时期人性理论的缺失与连年征战的社会现实都为中世纪时期人的主体性异化给神做了铺垫。

2.1.2 中世纪神学中人的主体性的异化

宗教与哲学都源自对精神的关怀，只不过哲学诉诸理性，而宗教诉诸信仰。罗马帝国以军队征服了各个民族，人们因长期经历战乱饱受压迫而不再信任自己旧有的保护神和宗教，转而在主张博爱、无种族偏见的基督教中寻找精神的依托，以放置自己对于来生和彼岸的期许。在中世纪的基督教哲学中，哲学主题由本体论转向了神学，上帝成了哲学的对象。

教父哲学的代表人物主要有三位，一位是克莱门，他认为哲学也是上帝的作品，基督教是逻各斯在基督身上的显现，哲学的任务就是为上帝服务。另一位是奥利根，他提出了一种"寓意解读法"，以"精神实质"这种源于哲学的理论来理解《圣经》。而真正实现理性与神性的融合，使理性的规律性成为神学启示的不可侵犯性的是奥古斯丁，他用"神正论"解决了上帝与恶的关系问题。在奥古斯丁看来，恶并不是某种存在着的实在，而是善的缺失，是由于人误用自由意识，没有按照上帝的意志生活所造成的，如果只按照人的标准不顾上帝的意志则无法进入"上帝之城"。经院哲学则是要用哲学的理论和理性逻辑来论证上帝的存在。安瑟尔谟用先验逻辑通过概念推断出了上帝的存在，他认为上帝的存在是一个具有自明性的必然真理，如果否认上帝存在就会陷入逻辑困境。他提出："你心中有一个无与伦比的伟大存在者即上帝的观念，那就证明他一定也在现实中存在。"① 而用经验的方式完成上帝存在证明的是托马斯·阿奎那，他通过用结果来证明原因的方式，提出了通向上帝的"五条路径"②，将亚里士多德的学说引入了基督教神学的"上帝本体论"证明中。显然，在基督教神学中，哲学成了神学的婢女，随之而来的就是人性被异化给上帝。

在基督教神学中的上帝是全知、全能、全善的创造者，人与自然都是上帝的产物，人的肉体被看作是带有"原罪"的皮囊，神学家们将人的理性和灵魂从肉体中分离出来，对象化为了至全、至善的上帝，由于人的精神有发展和超越自身的需求，而上帝恰以"全知""全能""全善""全爱"满足了人性发展的愿望，因此神的本质完全可以看作是人的本质的异化。正如恩格斯所说的那样，"基督教的神只是人的虚幻的反映，人的映象。……这个神所反映的也不是一个现实的人，而同样是许多现实的人的精华，是抽象的人"③。因而，全知、全能、全善和全爱的上帝所具有的"神性"究其实质则是人将自己的本性抽象出来，将其最大化后异化给了上帝。简单地说，"全知"是人的理性抽象的最大化；"全能"是人的实践本性抽象的最大化；"全善"是人的道

---

① 北京大学哲学系外国哲学史教研室.西方哲学原著选读（上卷）[M].北京：商务印书馆，2000：241-242.
② 1.事物的任何运动都由另一个运动引起，追溯到最后必然有第一推动者。2.任何事物都有动力因，则必有最初动力因。3.任何事物都从他物获得其存在和必然性，则必定有一种东西，他自身就是必然的且能赋予他物以必然性和存在理由。4.事物都不同程度拥有良好、真实、高贵等品质，而标准就在于它们与最好、最真实、最高贵的东西的接近程度，那么必定有一种东西，作为其他事物存在及具备良好等完美性的原因。5.世界上的一切事物都是和谐的、有序的，仿佛是有目的的安排，则必定是受到一个有知识、有智慧的存在者的指挥。（详见，北京大学哲学系外国哲学史教研室.西方哲学原著选读（上卷）[M].北京：商务印书馆，2000：261-264.）
③ 马克思恩格斯选集（第4卷）[M].北京：人民出版社，2012：232.

<<< 第2章 近代主体性形而上学内在性原则的确立和发展

德本性抽象的最大化;"全爱"是人的情感本性抽象的最大化。显然,对比"全知""全能""全善""全爱"的神,人只能愈发显得渺小、充满缺陷,进而人性包括人的理性、价值、道德和尊严等等都被神性所压制,人的主体性被充实在了神性之中,完全被异化给了上帝,以人的"虚无"来确证上帝的"完满",从而确立对上帝的崇拜,人成了上帝的奴仆。中世纪欧洲社会的发展完全笼罩在了上帝的光环之下,国家的治理、社会的运行、生活的意义都在于"天意"。人只能依靠上帝的拯救在天国中实现主体性,现实中人的主体性已经完全消失。

中世纪的欧洲教会由于深陷世俗化且愈加腐败,引起了人们的不满。随着文艺复兴的来临,人的主体性开始觉醒。文艺复兴解放了感性和理性、欲望和人性,文学和艺术等人文领域发展了起来。可以说,文艺复兴的实质就是"人文主义"。人文主义反对抬高神学贬低人性的观点,主张肯定人的价值和尊严;反对禁欲和来世观念,主张个性解放和实现现世生活的意义;反对封建等级观念,主张人人平等。人要依靠自己的力量在现世中实现自我,这便与中世纪神学主体观的内核产生了冲突,而哲学本身也要冲破基督教哲学的枷锁发展自己。一方面,由于人们对基督教神学摒弃世俗生活、推行清规戒律的禁欲主义深恶痛绝,对经院哲学抽象的理性主义也极度厌烦,极其希望转向感性和欲望,拥抱世俗生活。另一方面,由于中世纪的神学证明虽然能证明上帝的存在,但人与上帝的沟通方式只能归于神秘的告知和祷告,基督教哲学无法继续发展。因此,哲学必须实现转向。随着教会权威的衰落,宗教改革最终使人们解脱了宗教枷锁的束缚,其根本内容就是"人类靠自己是注定要变成自由的"[①]。马丁·路德提出,人类灵魂的救赎只与信仰有关,

---

① 黑格尔. 历史哲学 [M]. 王造时,译. 北京:三联书店,1959:464.

而与教会的中介作用无关，宗教掌控一切事物和人生活方式的状况发生了改变，人的现实生活从宗教中解脱出来，人可以单纯地凭借自己的内心信仰上帝了，宗教改革为"人之为人"准备了条件，正如黑格尔所说："按照这个信仰，人与上帝发生了关系，在这种关系中，人必须作为这个人出发、生存着：即是说，他的虔诚和他的得救的希望以及一切诸如此类的东西都要求他的心，他的灵魂在场"①。

"相对于中世纪的神学世界观，文艺复兴的人文主义和宗教改革的个体性、内在性以其世俗的和人文的色彩突出了人性的地位，从而为近代哲学主体性的觉醒创造了条件，我们可以称之为'人的发现'"②。在此之后，人的理性得到启蒙，人不仅走出了本体论中物化的"人"，也要向上帝的神性之中索回自我的主体性。而"理性启蒙"的最终目的则是通过人类主体性的发展为人的现实和解放寻找道路，颠倒中世纪神学中人和神的关系，将人的理性提高到神性，实现"上帝人本化"。

2.1.3 近代哲学转向与"上帝人本化"之路的开启

西方哲学中的理性萌芽并没有在中世纪神学的发展过程中被清除，而是一直在逐步地演进和发展过程中，并随着人性由上帝复归人自身破土而出。近代哲学是在古希腊哲学和基督教哲学的基础上发展起来的，但不同于古希腊哲学，自然科学的飞速发展，使其更加崇尚知识，并且人们有了改造自然的观念；也不同于基督教哲学，在文艺复兴运动的影响下，其更加强调人性发展即"人的发现"。

"自然"由古希腊时期最神圣、活生生的有机体，成了中世纪神学

---

① 黑格尔. 哲学史讲演录（第三卷）[M]. 贺麟，王太庆，译. 北京：商务印书馆，1959：378.
② 张志伟. 西方哲学十五讲[M]. 北京：北京大学出版社，2018：195-196.

中上帝创造的世界，为近代哲人们在人类理性觉醒之后主张人不仅能认识自然也能改造自然做足了思想的准备。古希腊哲学并没有将关于自然的知识与自然本身区别开来，而在近代哲学，当人性觉醒，人与自然就相区别了，而知识是人所具有的，因此从笛卡尔开始，知识就与对象有区别了，其是自成系统的。在笛卡尔看来，自然事物是与我们的意识相对立的客观存在，我们所形成的关于自然的知识，其可能与我们想要实现认识的自然对象相一致也可能不一致，而哲学的任务就在于寻求使知识与对象相一致的方法。近代哲学对待自然的态度与基督教神学也不相同，当人的本质从异化给上帝再回到人自身，人就不再是由上帝创造出来的人了，自然也不再是上帝为人所准备的生活资料，而是人本身具备改造自然、有让自然为自己服务的能力。于是，在近代哲学中，人就成了自然的主人，进而推进了自然科学与技术的迅速发展，人的主体性地位和理性能力也得到了提升。

格兰特认为，如果近代思想创造了"理性的时代"，那么这个时代恰恰起始于中世纪。[①] 中世纪的神学家们习惯用逻辑和自然哲学的形式，将理性运用到神学和宗教中去论证自己的信仰和真理，也影响了近代哲学家们的思考方式。基督教神学体系结构上接近于柏拉图的"等级"哲学；推理方式上则延续了亚里士多德的"三段论"；而为了符合上帝在基督教哲学中的地位，实体从范畴中脱离了出来成了独立的、重要的研究对象。在此后的近代哲学中，"实体"依然成了形而上学研究的主要对象，笛卡尔将其哲学体系中最重要的"我思"看作是精神实体；而斯宾诺莎将"神"作为唯一实体，认为实体是"在自身内并通

---

① Cf Edward Grant. God and Reason in the Middle Ages [M]. Cambridge: Cambridge University, 2001: 289.

过自身而被认识的东西",是"无须借助于他物的概念"[①]。显然,在近代哲学中真正符合实体概念的只有"上帝",尽管近代哲学中的上帝已经脱离了基督教神学的人格神,人们也不再使用神学语言和符号,而是用科学的方式对自然和人本身进行解释,但其仍是超验的、至高无上的存在。"上帝"为人类理性开辟出了一个超验的领域,为在德国古典哲学中,最终实现人类理性从知性到理性、从经验到超验的跃迁提供了契机。近代哲学的主题是人主体性的觉醒,但由于受到古希腊哲学自然本体论和基督教哲学超验世界观的影响,近代哲学要实现的是在"自我意识"的原则上,构建一个既关注自然科学也关怀超验本体的哲学体系,也就是不仅要形成系统的认识论和自然哲学,还要形成能适用于超验性的本体论的形而上学体系。

近代哲学以主体为原则,不仅体现在自然科学方面和理性主义方面,主要是其直接与认识论相关。近代哲学的认识论转向,就是要实现将人从与物无异的自然本体论中脱离出来,并把异化给上帝的人性还给人本身,重新确立人的主体性地位,改变古希腊哲学中的"客观化"的本体论思维方式,对本体论发展出来的朴素的认识论进行反省。可以说,认识论转向使近代哲学彻底实现了对于人的"内在"主体性的确立,这是近代哲学实现区别人和物、人性和神性的重大变革。而为哲学找到不同于中世纪神学教义理论化所使用的论证方式,从而实现对于科学知识大厦的建立,就是近代哲学家们的重要工作。在近代哲学以前,哲学要实现的是在经验世界中寻求世界的本原、在自在的矛盾中说明世界的统一,而近代哲学,则使人们意识到主体和客体的分离与对立,认识到人的思维对于认识对象具有规定能力,因此,实现人类认识与对象

[①] 斯宾诺莎. 伦理学 [M]. 贺麟,译. 北京:商务印书馆,1983:3.

的一致就成了近代哲学家的任务,也就是人类理性及其能力成了哲学研究中不可忽视的主题。进而本体论思维中的矛盾在认识论中被凸显了出来,在近代哲学中,人们深刻认识到,人类理性既不能被物化也不能交给神,可以说这是近代哲学对于本体论的认识论反省,是对本体论自觉的批判,而最终真正实现从认识论的角度揭示出本体论的根本问题,展现人性、自然、神性的内在矛盾,并使之实现逻辑化表达的是黑格尔。

古希腊哲学中人、物、自然是同构的;中世纪哲学中没有人性只有神学,上帝是人和自然的创造者;而当哲学发展到近代,人从与自然一体中分化出来,人性从完全泯灭在神性中的情况下摆脱出来,确立起了人的主体性。认识论转向使哲学的出发点变为了意识的内在性,哲学随之出现了各种新的关系范式,如:意识内容与形式、实体与属性、自然与人、感性认识与理性认识、知识与信仰、必然与自由、理论与实践等等,这些关系问题归根到底都是"思维与存在的关系"问题,而直到黑格尔将人性提升到神性,实现了"上帝人本化"这个问题才得以真正解决。

2.2 近代哲学中"以人为本"的主体性原则的确立

海德格尔曾明确地指出:"在现代哲学的开端处有笛卡尔的定律:ego cogito, ergo sum,我思故我在。关于事物和存在者整体的一切意识都被归结于人类主体的自身意识作为不可动摇的全部确信的基础。"[1] 认识论的转向让人的主体成了哲学的对象,进而形成了与本体论哲学有

---

[1] 海德格尔. 尼采(下卷)[M]. 孙周兴,译. 北京:商务印书馆,2002:761.

明显区别的哲学范式的转向。中世纪的上帝本体论哲学中，人处于上帝与尘世的二元世界之中，现世的人性被淹没在上帝的神性之中，而人的主体与尘世客观则成了灵魂与赎罪场之间沉沦与摆脱关系。近代认识论哲学将目光转向人，人成了世界的中心，那么，哲学家们便要从"人自身"出发再次确立人与自然、人与神之间的关系，人的主体性的生成与彰显也在自然、神、人之间得到了重新的确认，这便衍生了"以人为本"的主体性原则，它包括三个方面的基本规定：首先要确立主体自身的"我思"是什么，由此确立主体性的根基；其次要明确主体"我思"和客观"我在"之间关系是什么，由此确立人对自然之物的超越性地位；最后还要回答主体的人性和神性之间的关系如何，目的在于完成主体性提升到神性的近代启蒙的哲学诉求。

2.2.1 主体与自我的关系："我思"的内容

古代哲学探讨的是世界本原问题，人们认识到客观存在有一个本质上的存在，随之按照一定的规律衍化出整个客观世界，且认识到真正存在的客观之物与我们感性认识到的有不同之处，但也仅仅只是认识到主体和客体的不同。近代，自然科学的发展使人们不再困顿于世界是如何而来；而哲学的发展却使得本体论哲学在认识论上的理论困境凸显了出来，人们开始思考我们所得到的知识是否就是符合事物本身的真理，意识到了没有认识论的本体论无效。于是，近代哲学的认识论转向把哲学研究的对象转向了"人"。无论是经验论还是唯理论都将"人"视为哲学的主题，哲学家们要通过反思人自身的认识能力，实现对于世界的认识。

"我思"在经验论中主要是被理解为主体思维的能力。洛克在《人类理解论》一书中提出"如果想要满意地解决人心所爱好的各种研究,其第一步就是考察我们自己的理智,看看它们适合研究的事物是什么东西"①,洛克将知识的来源归结于感觉经验,他提出了"白板说",他认为人的思维具有组合、比较和抽象的能力,能将经验在人的心灵这张"白板"上形成观念,而观念最终能形成知识。按照洛克的说法,我们的一切知识都是由观念构成的,观念分为简单观念和复杂观念。简单观念构成了知识的基本要素,其具有被动性和单纯性,有两种简单观念,一种是由外部事物及其属性直接作用于感官而产生的感觉观念,另一种是心灵对自身心理活动的直接反省而产生的反省观念。复杂观念则是几个简单观念所组合而成的。而知识最终的形成就依赖于人对于两个观念之间关系的认识,也就是洛克认为我们形成知识的形式是从经验到观念再到知识。但如果我们的感觉经验来源于外部事物而知识又存在于心中的观念,那如何确定知识与对象的一致则成了洛克的问题,以致他最终走向了不可知论。休谟在《人类理解研究》中指出任何学科都直接或者间接地依赖于人,他说:"关于人的科学是其他科学唯一牢固的基础,而我们对这个科学本身所能给予的唯一牢固的基础又必须建立在经验和观察之上。"② 在休谟看来,知识的基本要素是"知觉",包括感觉、情感、情绪、思维等意识活动,是一切思想的来源和材料;而生动的知觉会形成印象,与洛克相同的是,休谟也认为印象有感觉和印象两类,但不同的是他认为反省印象是由感觉印象而得,因此在休谟看来一切知识都只是来源于感觉。而观念只是对印象的摹写,简单观念是直接对简单印象的摹写,复合观念则是对复合印象的摹写或是对简单观念的

---

① 洛克. 人类理解论[M]. 关文运,译. 北京:商务印书馆,1959:5.
② 休谟. 人性论[M]. 关文运,译. 北京:商务图书馆,1983:8.

排列和组合。人最重要的思维能力就是分析、综合与推理，进而使人的心灵所产生的联想遵守相似关系、接近关系和因果关系三个原则，最终形成对观念的组合与分解，从而获得复合观念和知识。所以，休谟强调的是人的推理能力，不是单纯的反映外界刺激而是能产生联想。但这种联想能力在休谟看来只是基于习惯的偶然，不具有普遍性，所以他对知识的确定性陷入了怀疑。

"我思"在唯理论中主要被理解为主体的内在观念。笛卡尔认为，人的心灵中有一些观念是天赋的，其源于纯粹理智；而有一些是依赖于感觉的外来观念；有一些是我自己创造的，是借助于想象的虚构观念。在笛卡尔看来知识绝不源于感觉与主观虚构，只有天赋观念才是清楚明白、无可置疑的，是对事物本质普遍有效的认识，也就是只有来自纯粹理性思维的、天赋的观念才是永恒的真理，康德将笛卡尔的原则解释为"我思必须伴随着我的一切表象"，也就是一切知识都是"我的知识"。斯宾诺莎也认为知识来源于内在观念，他认为人所具有的直观与推理的能力是天赋的，而知识则是由人的心灵经过直观和推理而得到的"真观念"。事物的真观念在斯宾诺莎看来就是真理本身、是事物的客观本质，其由简单观念构成，不仅能表示事物存在或产生的原因，并且能实现"与其对象的形式本身相符合"①。斯宾诺莎强调真观念与事物本质并不是反映与被反映的关系，人的认识活动是从观念到观念而不是从事物到观念，所以知识和真理都是只来源于真观念本身，也就是真理的标准只需要依靠"内在的标志"。在斯宾诺莎看来，我们凭借天赋的认识能力就能形成理智工具，再用其充实天赋力量以形成新的理智作品，再形成新的工具……也就是我们能以真观念为前提获得其他知识，最终达

---

① 斯宾诺莎. 知性改进论[M]. 贺麟, 译. 北京：商务印书馆, 1986：50.

到智慧的顶端。而莱布尼茨的天赋观念论比笛卡尔和斯宾诺莎更加彻底，他从单子论的角度出发认为"我们灵魂的一切思想和行为都是来自它自己内部，而不是由感觉给予它的"①。他在回应洛克的《人类理智新论》中把人的心灵比喻为具有天然花纹的大理石，他指出感觉只能提供一些例子，不能提供全部知识，而"如果某些事件我们在根本未做任何实验之前就能预见到，那就显然是我们自己对此也有所贡献的"②。因此在人的心灵中，天赋观念就像大理石的纹路一样是潜在的，需要"机缘"才能变为现实，也就是观念和真理不是作为"现实天赋"而是作为一种"潜能天赋"在我们心中，只有在单子本身所具有的"微知觉"的诱发下，人们才会对心中的内在观念进行反省，进而使它们清楚明白地呈现出来。由于单子是封闭的，因此诱发心灵所具有的潜能天赋变为现实的知觉也并不来源于外部，显然莱布尼茨认为一切观念都是天赋的。

虽然经验论与唯理论在对于"我思"的内容存在着不同看法，对于人的认识能力、人实现认识的形式等方面有着根本的分歧，但不可否认的是他们都是要通过对"我思"的考察而形成知识。经验论认为，人的认识能力能对外在经验形成反映，最终形成与经验相关的知识，而唯理论认为人的认识能力来源于内在天赋，最终能形成真理知识。可见，近代哲学的核心问题就是考察人的认识能力和认识方式究竟是什么，进而在这个过程中实现对于客观世界的认识、对人本身的认识、张扬人自身的主体性地位。

---

① 莱布尼茨. 人类理智新论 [M]. 陈修斋，译. 北京：商务印书馆，1982：36.
② 北京大学哲学系外国哲学史教研室. 十六—十八世纪西欧各国哲学 [M]. 北京：商务印书馆，1975：505.

2.2.2 主体与客体的关系:"我思"的地位

对于处于本体论思维框架中的古希腊哲人们来说,人、物、自然是同构的,主体和客体的区别并不应该成为问题。中世纪哲学虽然在研究领域方面并不发达,但当神学家们在狭窄的纯思领域中探讨精神问题时,反而将自然与精神的对立凸显了出来。近代哲学认识论转向之后,哲学家开始正视主体和客体的对立,重新思考人与自然的关系,人的主体性便在人如何认识自然的方式中得以确立。

按照基督教的观点人是万物之灵,地球是宇宙的中心;但随着近代科学的发展,这种"人类中心说"显然与近代从哥白尼的"日心说"到伽利略和牛顿所形成的那种哲学用以解释自然的理论基础是相矛盾的,但近代哲学并不是反对"人类中心说",而是从另一个方面对人的价值和尊严进行了解释,近代哲学要挣脱神性的压制、以理性本身来确立人的主体性地位,通过论证人具有认识自然和改造自然的强大力量,以表明人的本质并不是作为"上帝的选民",而是作为人本身的理性,是相对于自然的。在近代哲学中,主体和客体的关系就可以看作是人与自然的关系。人性的二元化决定了人一方面是自然的,另一方面是超自然的。而人超越自然的本性才意味着人脱离了"物性",才真正彰显了人性,因此认识自然、改造自然也就成了人主体的内容。近代哲学的任务就是要以人为主体实现对于客体的认识、掌握关于事物本身的知识,也就是要实现通过人对于自然的认识和改造确立人的主体性地位,人对自然的认识方法正彰显了人的主体性。

作为经验论的代表人物培根提出了著名的口号"知识就是力量",他致力于确立将自然作为认识的对象,以改变中世纪人们对待自然的态度。培根要引导人们排除"四假相",用经验归纳法得到可靠的知识,以此推进科学知识的发展,使人们能实现认识自然、改造和利用自然,为人类生活本身谋福利。培根坚信感觉经验是实现一切认识的基础,他认为"形式"是事物运动的法则、体现了事物的本质规定性,我们要实现对于自然的认识就要发现自然的"形式"。培根提出了要将经验与理性结合,他将实验家比作蚂蚁,只会采集与使用;将推论家比作蜘蛛,只会凭借自己的材料织网,在培根看来,哲学家要做"采取中道"的蜜蜂。他提出感觉经验的缺陷可以靠科学实验来弥补,也就是实验可以为我们的感官提供工具,我们可以运用思维的能力对实验资料进行加工、分析,形成概念和公理,进而实现对于事物"形式"的揭示。但是最终培根也只是提出了在感觉经验中概括归纳事物形式的三个步骤,而没有提出如何具体结合理性与实验的方法。而经验论的其他代表人物也没能找到认识自然的真正有效的方法,洛克走向了不可知论,他指出,对于"事物内在组织和真正本质"我们不可能知道,因为我们"根本没有达到这种知识的官能"[①]。而贝克莱和休谟,一个走向了上帝,一个走向了怀疑论,显然,知识的有效性在经验论中是有局限的,以外部世界的感觉经验为根据无法建构具有确定性的知识。

作为唯理论的代表人物笛卡尔则试图将所有知识综合在一起,恢复人类理性的地位,为知识奠基。笛卡尔将亚里士多德的三段论称为"旧逻辑",但他并不是完全否定其作用,而是认为旧逻辑只能用来推理分析并不能带来新知识,他认为只有数学能推演出新知识,但数学却只能靠符号而不针对知识。于是他提出了四条方法论原则:第一条笛卡尔用普遍怀疑的方法,以理性来检查一切知识,进而首先确立了理性的

---

① 洛克. 人类理解论[M]. 关文运,译. 北京:商务印书馆,1959:286.

主体性地位，他指出"决不能把任何我没有明确地认识其为真的东西当作真的加以接受"；第二条笛卡尔明确地接受了自然科学的分析方法，他提出要考察"每一个难题"，尽可能地将它们都"分成细小的"、可以"完满解决的程度"；第三条笛卡尔提出了综合的方法，要实现从抽象的一般到具体的个别，要"按照次序引导我的思想"，从简单到复杂，"给它们设定一个次序"，逐步上升；第四条笛卡尔提出对"一切情形尽量完全列举"① 和审视。在此基础上笛卡尔结合理智直观和演绎的方法建立了"理性演绎法"，"理智直观"在笛卡尔看来是一个无可置疑的概念，依靠理性就能获得，因此可以提供一个最基本的原理；"演绎"则是要从由理智直观所提供的原理出发，形成一个具有必然性的推理过程，进而产生新的知识，最终建立起科学知识的体系。显然，唯理论以内在观念为根据，更符合形而上学建构的原则。而唯理论的其他代表人物如斯宾诺莎和莱布尼茨，不仅要实现对于知识的掌握还要实现达到"至善"和"真理"，最高程度地彰显人的主体性。如斯宾诺莎的《伦理学》就是要实现从认识走向道德，在斯宾诺莎看来，当人不知道自己本性的时候他是被自然规律驱使的奴仆，而当人被理性指导，认识到自己的本性时就成为自由人。斯宾诺莎认为"神"是唯一实体，一切事物都在"神"之内，因此当我们达到"至善"，就能认识到人心与自然、实体或神的一致，进而实现自由。而莱布尼茨认为"真理"有两种：推理的真理和事实的真理，但通过经验而认识的真理只具有偶然性，所以事实的真理并不可靠，可靠的只有推理真理。莱布尼茨提出，推理必须建立在矛盾原则和充足理由原则基础上，也就是推理要有

---

① 北京大学哲学系外国哲学史教研室. 西方哲学原著选读（上卷）[M]. 北京：商务印书馆，2000：364.

理有据，而宇宙事物无穷无尽，究其原因必将追溯到上帝，进而他的《单子论》要实现用理性将知识与神学统一起来。

在17世纪自然科学和数学都彰显了人的主体性的提高，哲学当然也要做出回应，无论是经验论的培根或是唯理论的笛卡尔，都是在探求人类运用什么方法才能获得有效知识，只有人对知识的有效性的确立才能在哲学中实现人主体性的确立。在近代哲学的发展过程中，可以将自然看作是人主体性发展的起点，而主体性发展的终点则是"神"和"上帝"，也就是形而上学最终要实现将人性变为神性，实现"上帝人本化"。

2.2.3 主体与上帝的关系："我思"的根据

在近代哲学中，认识论转向使"人"脱离了自然成了哲学研究中的主体，相对的主体之外的"物"与"上帝"就都成了与主体相对立的客体，于是本体论中物与物的关系在认识论中就成了人与物、人与上帝的关系。而随着理性的觉醒，中世纪"人"作为神的奴仆的地位也要发生改变，颠倒中世纪"神—人"之间的关系就成了确立人主体性地位的核心内容，也就是要将人性内容抬升到神性，将上帝的神性还原到现实的人性之中。进而人与上帝的关系问题就成为近代哲学中确立人的主体性地位不可缺少的内在性原则之一。

近代哲学家们都很关注人与上帝的关系问题，经验论的哲学家们也不例外，其中最著名的就是贝克莱，他的《人类知识原理》是关于认识论的著作，但他却是为了证明上帝的存在。贝克莱与洛克一样认为知识的对象是"观念"，而观念来源于能感知的能动实体——心灵之中，他提出"具有一个观念与感知一个观念完全是一回事"，即"对象和感觉原是一个东西"①，但贝克莱想要说明的并不是事物当我们感知到它就存在，我们没感知到它就不存在，而是要强调任何事物都具有可感知性，这种性质不是我们创造的，其来自上帝。贝克莱的"存在即被感知"实际上完整的表述应该是"存在即被感知和感知"，在他看来，宇宙中有三种存在，第一种就是存在于感知者心中的观念；第二种是被创造的一种精神，可以用来感知观念，就是我们通常所说的心灵；第三种是上帝，上帝才是永恒无限的精神，能创造万物。对于一个事物来说，我们感知不到它，并不表示它不存在，上帝作为无限的精神能感知万物。显然在贝克莱看来，上帝是比人更无限完满的存在。而在休谟看来，如同洛克所主张的"在我们心中的知觉是对存在于外部世界的摹本"是无法证明的偏见一样，贝克莱将感觉的来源归于上帝也没有根据。休谟认为，"上帝"是一种超越了感觉经验的存在，它作为最高的实体同唯物主义的"物质"一样，都是无法认识的，也不能被证明，"上帝""自我"（心灵）都是超验的东西，是悬而未决的，"自我"是处于"永远流动和运动之中的知觉的集合体"②，我们根本无法感知到一个抽象、一般的"自我"。虽然休谟对于感觉的来源问题，采取了存疑的立场或者说是不可知的立场也许更为恰当，但不可否认的是休谟将人与上帝放在了同一高度。

在唯理论中，只要是考虑到知识的来源问题，一路追溯必然要面对人与上帝的关系。笛卡尔认为上帝是"永恒无限的、常住不变的、不依存于别的东西而存在"③的实体，虽然笛卡尔将"我思"与"我在"也都看作是实体，但是在其"我思故我在"的第一原则中，上帝是

---

① 贝克莱. 人类知识原理 [M]. 关文运，译. 北京：商务印书馆，1958：22-23.
② 休谟. 人性论 [M]. 关文运，译. 北京：商务图书馆，1983：282.
③ 笛卡尔. 第一哲学沉思录 [M]. 庞景仁，译. 北京：商务印书馆，1986：45.

"我思"的根据,是最完满的存在,有限的"我思"并不能认识无限的上帝。在斯宾诺莎看来"实体、自然与神相统一",他说:"神(Deus),我理解为绝对无限的存在,亦即具有无限'多'的属性的实体,其中每一属性各表示永恒无限的本质。"① 可见,在斯宾诺莎哲学中,神是世界最高的原因,但这与自然神论是不同的,自然神论是将神作为自然的"外因",自然按照神的规定运行,而在斯宾诺莎看来神是"内因",也就是神与自然是同一的,神在自然之内,作为"实体"存在,那么自然就既是自己的原因又是自己的结果,而人则是神的"分殊",分有了神的属性,这是人能实现认识的根据。在斯宾诺莎看来,人只有在理解或认识的时候才是主动的人,才与自然的奴仆相区别开;虽然神是最高的存在,是一切的依据,但人能达到对神的认识和理解,他说:"心灵的最高的善是对神的认识,心灵的最高德性是认识神。"② 可见,在斯宾诺莎哲学中,人具有了比笛卡尔哲学中更多的能动性,更加接近"神性"。莱布尼茨认为,上帝是最完美的单子,一切单子都是上帝创造的,从最低等的单子到上帝之间有无数的等级,上帝在创造每一个单子的时候就预先设定好了所有单子发展的情况,使宇宙成为一个和谐统一的整体,这种"预定的和谐"就是宇宙整体有序的基础,也是身心一致的原因,上帝在这个过程中扮演了一个"急救神"的角色。由于单子是封闭的,其内部本性决定了人具有自由行动的能力,就是上帝也不能任意干涉,对于人这个单子来说"自发性加上理智"就是自由。在斯宾诺莎哲学中,人只有进行认识并达到"至善"才能成为自由人,但在莱布尼茨哲学中,即使上帝同样也是比人更完满的存在,但人的自

---

① 斯宾诺莎. 伦理学 [M]. 贺麟,译. 北京:商务印书馆,1997:3.
② 斯宾诺莎. 伦理学 [M]. 贺麟,译. 北京:商务印书馆,1997:189.

由却是由单子自身的本性所决定了。

显然，在唯理论哲学中从笛卡尔到斯宾诺莎再到莱布尼茨，人理性的能动性越来越多，人性越来越自由、越来越接近神性，同时随着人的主体性地位的提升，上帝也由"我思"的根据逐渐成为"理性""无限"的代名词。这也为"上帝"在德国古典哲学中发展为"理念"和"绝对"做了充足的思想准备。在德国古典哲学中，上帝与自我意识的客观性内容是一致的，是宇宙理性的内容，这从谢林开始就是确立了的。上帝和理念是一个东西，是宇宙理性，是绝对。规律早就存在，我们只是通过理性的发展逐步认识到了它的内容。理性的功能是针对无限和绝对，理性的思维方式就是上帝和绝对的思维方式。德国古典哲学的主题是围绕着"思维和存在的关系"问题展开的，而我们却不能绕开上帝单单谈论"思维和存在的关系"问题，这并不是因为西方信仰宗教的问题才不能离开上帝，而是因为在德国古典哲学中上帝已经被理性化了。启蒙完成的标志就是上帝理性化，上帝的神性已经融化在理性中，理性是人具有的人性，神性和人性经由理性达到了二者的统一。而从近代哲学到德国古典哲学整个主体性形而上学，就是从人类主体性的确立到最终实现理性与神性统一的过程，而"上帝"就是此过程中认识论发展和知识论体系建构的重要环节。

近代哲学认识论转向要弘扬人的主体性必须要消解神的主体性，将"我思"的内容从人自身中确立起来，重新考察"我思"（思维）与"我在"（存在）的关系，"我思"与上帝的关系，这是哲学主体转向"人"之后随之引发的哲学范式的转变。这三条原则与中世纪的神学本体论相对应而来，其贯穿在近代哲学的整个进程中，也影响了以主体内在性为原则的整个主体性形而上学的发展。

<<< 第 2 章 近代主体性形而上学内在性原则的确立和发展

2.3 唯理派哲学中主体内在性原则的发展过程

与古代探讨世界本原和中世纪将重点放在上帝存在等问题上不同，近代哲学家们从摆脱中世纪的生活和思考方式、神学教条和对人理性禁锢中走出来，哲学的研究对象也发生了改变。经验论相信感性，在人的感性中提升人的主体性，其提升的程度存在内容的局限性，如洛克的"白板说"，否认了人的主体能动性，最后只能发展到休谟的怀疑论，而休谟更是对人的认识能力提出了质疑，从某种程度上消解了主体性的进一步提升。与经验论不同，唯理性则更加强调人的主体性的能动性，不仅确立了"我思"的主体地位，而且还建构出了具体知性的主体性形而上学，如斯宾诺莎的《伦理学》、莱布尼茨的《单子论》等等，更好地实现了主体内在本性的建构性，因此，本书要以唯理派哲学的发展进程为线索，揭示近代人的主体性的不断提升的自我发展的内在逻辑。

2.3.1 笛卡尔"我思故我在"的主体内在性原则的确立

海德格尔提出："对于现代形而上学的奠基工作来说，笛卡尔的形而上学乃是决定性的开端。它的使命是为人的解放——使人进入新自由作为自身确信地自身立法之中的解放——奠定形而上学的基础。笛卡尔在一种真正的哲学意义上预先思考了这个基础。"[①] 作为主体内在性原则的奠基人，笛卡尔为了找到知识确实可靠的基础，用怀疑的态度来对待一切，从感官得到的经验知识开始怀疑。笛卡尔认为我们可以怀疑一

---

① 海德格尔. 尼采（下卷）[M]. 孙周兴, 译. 北京：商务印书馆, 2002：778.

切,除了"我在怀疑"这件正在进行的事情本身,他说:"对一切事物仔细加以检查之后,最后必须做出这样的结论,而且必须把它当成确定无疑的,即有我,我存在这个命题,每次当我说出它来,或者在我心里想到它的时候,这个命题必然是真的。"① 在笛卡尔看来只有"我思"是一个真观念,是最自明、最清晰的东西。由此,笛卡尔找到了他建立哲学体系的"阿基米德点"——"我思故我在"。

笛卡尔所强调的并不是像旧逻辑中的"三段论"推理:"一切思维者都存在着","我在思想","所以我存在"。而是将其颠倒过来,强调"我思故我在"才是真正的逻辑大前提,没有"我思故我在",我们无法知道"一切思维者都存在着"。笛卡尔提出,当我们否定我们身体存在的时候,我因为怀疑或思想,则会发现我存在;而当我们停止了思想,我们就不存在。这个"存在"并不是英语中的"being",而是希腊语中的不定式"sinai",其有"起作用"的意思。所以,笛卡尔的"我思故我在"应该理解为:当"我"思想的时候,"我"是起作用的,而当"我"不思想的时候,"我"就是没有作用的,所以思想才是"我"的本性。② 显而易见,只有一种属性与我不可分割,就是我的思想,笛卡尔认为"严格来说我只是一个在思维的东西,也就是说,一个精神、一个理智或一个理性"③,"这个'我',亦即我赖以成为我的那个心灵"④,其比身体更容易认识,是通过理智直观可以得到的。在笛卡尔看来,即使身体不存在心灵仍在,也就是只有思想的我是不依赖于任何

---

① 笛卡尔.第一哲学沉思录[M].庞景仁,译.北京:商务印书馆,1986:23.
② 笛卡尔.谈谈方法[M].王太庆,译.北京:商务印书馆,2000:27.详见王太庆先生的注释。
③ 笛卡尔.第一沉思录[M].庞景仁,译.北京:商务印书馆,1986:25-26.
④ 北京大学哲学系外国哲学史教研室.西方哲学原著选读[M](上卷).北京:商务印书馆,2000:369.

<<< 第 2 章 近代主体性形而上学内在性原则的确立和发展

其他而存在的，与地点和外物无关，而思想包括一切意识活动，如怀疑、领会、肯定、否定、想象、感觉等等。显然，在笛卡尔看来"我思"是无法分开的，也是分不开的，作为"我"这个实体其本质就只有思想；可见，笛卡尔为近代哲学中的"自我意识"确定了主基调，即为一个精神实体。笛卡尔的"我思"，包含着自由的"意志活动"①，他提出："意志是自愿地、自由地（因为这是他的本质）然而却是必然地向着它所认识的善前进的。这就是为什么，如果它认识它所没有的某些完满性，它就立刻把这些完满性给予它自己，假如这是在它的能力之内的话。因为，它将认识到有了这些完满性比没有这些完满性，对它来说是更大的善。"② 这表明了笛卡尔认为自我是向善的，是追求认识的完满性的，所以自我是追求最高真理的。而"思维是自我的属性"与"思维具有自由意志"这两点，在笔者看来，既是"自我意识"理论的萌芽，同时也为德国古典哲学的自我意识理论的发展定下了基调，即自我意识不仅是认识的基础也是实现自我完满和自由的基础，能反思和实现自我超越。笛卡尔认为，因为自我具有意志，才能使人具有自由意志的行动，进而能摆脱和超越一切旧意识的束缚，自我才敢于打破权威、对一切进行怀疑，这表明了"我思"的伟大，同时也说明了"我思"具有反思性，自我由于意志力而成了能自我完善、自为始因的系统，能作为自由的本体。笛卡尔的"我思"具有划时代的意义，为近代哲学奠定了主体性内在原则、反思性和理性主义等基本特征，同时也带来了新的哲学方法论，标志了近代哲学的开端。

笛卡尔指出"自我"与物质都是实体，但这两个实体在本质上有

---

① 笛卡尔. 第一哲学沉思录 [M]. 庞景仁，译. 北京：商务印书馆，1986：160.
② 笛卡尔. 第一哲学沉思录 [M]. 庞景仁，译. 北京：商务印书馆，1986：166.

着很大的区别：自我实体的本性是思维，是能动的，是唯一的，也就是心灵没有广延不可分；而物质实体的本性是广延，是被动的，是可分的，也就是物体不能思想，无限可分。它们之间是各自平行独立的关系。但如果思想（心灵）是思想（心灵）、物质（身体）是物质（身体），那么心灵和身体、心灵与其他外物又是如何实现一致的呢？在笛卡尔哲学中，上帝从作为宗教生活信仰的"人格神"成了最完满无限的实体。笛卡尔曾明确指出："用上帝这个名称，我是指一个无限的、永恒的、常住不变的、不依存于别的东西的、至上明智的、无所不能的，无所不能的，以及我自己和其他一切东西（假如真有东西存在的话）由之而被创造和产生的实体说的"[1]。而由于"无限实体比有限实体具有更多的实在性"[2]，那么，上帝包含了"存在"和"真理"等一切属性，人的心灵当然也是包含在上帝中的属性，也就是上帝把必然正确的观念"我思"普遍地放置在了我们的心中，因此"我思"才成为了最确实、最毋庸置疑的实体，上帝则成了"我思"存在的根据。由于"我思"和外物都不可能比上帝更完满，所以一切事物的属性都来源于上帝，显然上帝确保了"我思"的正确性，或者说在上帝的帮助下，笛卡尔实现了将"我思"的思维属性寓于存在之中，达成了"我思"（思维）与"我在"（存在）的统一。可见，在笛卡尔哲学中，上帝、"人"、物之间上帝是第一位的。在笛卡尔看来"天赋观念"决定了人能够认识内在于事物的属性，一个事物有了属性就必然有与之相应的实体存在，由于"我思"能确定"我在"必定存在，也就是"我在"在我的观念中，因此"我在"也具有实体性。可见，在笛卡尔哲学中

---

[1] 笛卡尔. 第一哲学沉思录 [M]. 庞景仁, 译. 北京：商务印书馆，1986：45-46.
[2] 笛卡尔. 第一哲学沉思录 [M]. 庞景仁, 译. 北京：商务印书馆，1986：166.

<<< 第2章 近代主体性形而上学内在性原则的确立和发展

的"人"和"物"之间,"人"是第一位的,具有核心地位,也即是笛卡尔确立了思维与存在中以"我思"为核心的主体性内在原则。笛卡尔通过将思维内容(客体)与思维的形式("我思"主体)区分开来确定了主体性原则,但同时这也使他陷入了二元论的困境。进而思维与存在的关系问题、主观与客观的问题也随之出现了,并成了主体性形而上学所要面对的主要问题。

笛卡尔认为,一切其他所有存在都需要靠"我思"来确证,也就是如果没有了"我思",上帝存在和物质世界的存在就无法推演。但"一个无限的实体观念只能产生于一个真正的无限的实体之中"①,也就是有限的"我思"并不能包含具有无限实体性的"上帝",而笛卡尔把"我思"作为基础,成了对象意识的前提,就是让有限的"我思"推演和追求无限的上帝(意识),其结果当然会"由于无限的本性的缘故"②反而突出了其哲学中"我思"和"我在"以及"上帝"之间关系的混乱。笛卡尔始终在经验论立场、用自然科学思维方式探讨"我思",因此始终无法论证身心的关系问题,其晚年因致力于依靠人体解剖学寻找作为身心中介的松果体,而遭到了斯宾诺莎毫不留情的嘲讽和批判,"因为他(笛卡尔)认为灵魂或心灵与脑髓的某一部分,即所谓的松果体的部分,有特别密切的联系,心灵凭借着这松果体能对身体内部所激起的一切运动,……他把心灵和身体看得如此不同,弄到无论对于身心的结合,还是对于心灵自身,都说不出一个特殊的原因,而不得不追溯到全宇宙的原因,亦即追溯到上帝"③。显然,把"我思""我在"和"上帝"都作为实体看待,无法得到关于"我思"与存在、"我

---

① 笛卡尔. 第一哲学沉思录 [M]. 庞景仁, 译. 北京: 商务印书馆, 1986: 45-46.
② 笛卡尔. 第一哲学沉思录 [M]. 庞景仁, 译. 北京: 商务印书馆, 1986: 47.
③ 斯宾诺莎. 伦理学 [M]. 贺麟, 译. 北京: 商务印书馆, 1997: 221-222.

思"与上帝之间关系问题的真实答案；在经验领域中处理理性领域的问题、用自然科学的方法探讨哲学问题是不可能成功的。

虽然笛卡尔没有揭示出身心运动的关系，但他把"我思"拉入了哲学视域，确立了"我思"的主体内在性地位，开启了"主体性原则"的哲学转向，并把物质与思维的矛盾关系凸显了出来，深刻地影响了近代以来西方哲学的发展。笛卡尔找到了"我思故我在"这一条不证自明的第一原理，将形而上学体系建立在"自我"的主体性原则的基础之上。这种首先确立自我，并以自我的设定作为基础，建立"知识大厦"的方法，是认识论和方法论上的一个重大突破，为德国古典哲学的形而上学体系建构指引了方向。

2.3.2 斯宾诺莎"实体一元论"对主体内在性原则客观维度的推进

开启近代哲学转向的笛卡尔哲学还未完全离开本体论思想与神学思想的束缚，在"我思"和"我在"的关系中，他虽然确定"我思"是前提，但"我思"的完满性和真理性却是"上帝"保证的；而又由于知性思维的限制，即使"我思"带有思维属性，"上帝"是无限的、完满的、绝对的，但它们都被看作实体存在，进而造成了思维与存在关系的混乱。斯宾诺莎认为，笛卡尔的身心交感理论以及松果体的假设就是笛卡尔本身所反对的独断和妄言。

笛卡尔认为有物质和精神两种实体，且它们是相互独立的；实体不能通过自身被认识，而只能通过属性被认识；"上帝"是最完美的实体，包含一切属性。但斯宾诺莎提出："除了神以外，不能有任何实体，也不能设想任何实体。……神是唯一的，这就是说，宇宙间只有一个实体，而且这个实体是绝对无限的。"① 由此斯宾诺莎消解了"我思"的实体属性，实体被看作是事物的"自因"，指"作为原则的原则"的"自然"，也指不依赖他物而存在的"上帝"。但这并不表明斯宾诺莎认为自我毫无用处，他只是在为论证"我思"（人的心灵）如何认识无限而做准备。笛卡尔的"我思"和"我在"在斯宾诺莎哲学中被看作是唯一的实体"神"的样式：心灵是"神"思想的样式；身体是"神"广延的样式。斯宾诺莎说："样式，我理解为实体的分殊，亦即在他物内通过他物而被认识的东西。"② 所以，人的心灵和人的身体的关系就像观念和对象的关系一样，就是两种不同属性表现出来的同一样态。当身体被外在的事物刺激时，人的心灵既能感知自身身体的性质，也能感知外物的性质并形成观念；而当人的身体即广延属性发生变化时，人的观念即思想也会发生相应变化；我们只不过是在用心灵或身体的属性在解释对方，而我们无论用哪个属性去解释或实现认识，心灵和身体的"主动或被动的次序"都是"同时发生的"，即心灵和身体是一物的两面，这就是斯宾诺莎对于身心之所以会一致的解释。

由此，斯宾诺莎不仅解决了笛卡尔心灵与身体关系的矛盾和难题，而且使得主体性原则的客观维度得以推进。斯宾诺莎虽然也从天赋观念出发，预设了思维作为实体的属性所具有某些特定功能，但他已经认识到了自然规定性作为在人的思维之外的存在，不是由人的"思维"而确立的存在，而是一种客观的存在。"我们的心灵可以尽量完全地反映自然。因此，心灵可以客观地包含自然的本质、秩序和联系"③，也就是人的心灵作为"神"本质的分殊，包含着客观自然的本质和原则。

---

① 斯宾诺莎. 伦理学［M］. 贺麟，译. 北京：商务印书馆，1997：13.
② 斯宾诺莎. 伦理学［M］. 贺麟，译. 北京：商务印书馆，2009：3.
③ 斯宾诺莎. 知性改进论［M］. 贺麟，译. 北京：商务印书馆，1986：66.

斯宾诺莎相信，人的心灵和身体的本质是"神"给予的，在某种一定方式内，作为"神"的样式而存在的"人"，因为分有了神的本性而能认识自然，即"人的神性"能使人的心灵反映出自然；同时人具有天赋观念，能从自明的公理和定义推导出的命题即为真。也就是当我们用综合法的几何学推论的方式，就能让事物的秩序展开自身、呈现自身，让关于自然世界的事物的秩序清楚明白地呈现在人的心灵意识之中。可见，在斯宾诺莎的哲学中，人的心灵已经超越了笛卡尔的"我思"，其作为神的无限理智的一部分，可以看作是有限的理智，当然能认识实体及其属性；斯宾诺莎为作为主体的人奠定了能认识客观"自然规律"的理论基础，思想与广延是同一个事物的两个属性，在神的永恒形式下，认识了观念的次序就等于认识了事物的次序，因而当观念的秩序与观念对象的事物秩序相一致的时候，"思维"（思想）与"存在"（广延）就达到了统一。斯宾诺莎虽然取消了"我思"，但他的"实体一元论"不仅没有造成人类主体性的回落，反而冲破了"我思"的认识界限，为解释"思维与存在的关系"问题指明了方向。黑格尔对于斯宾诺莎哲学给予了高度的评价，"斯宾诺莎哲学是近代哲学的重点，要么是斯宾诺莎主义，要么就不是哲学"[1]。

斯宾诺莎哲学的最终目的并不是获得"人的心灵与整个自然相一致的知识"，而是要通过获得知识来实现"人的最高的完善境界"——"至善"，"完善'自己的本性'"[2]。在斯宾诺莎哲学中，由于人的心灵没有欲求和爱好等能力，完全依附于神的意志，所以能与"神"的永恒无限的知识相一致，人的行为能达到至善或最高的幸福。作为笛卡

---

[1] 黑格尔. 哲学史讲演录（第四卷）[M]. 贺麟, 王太庆, 译. 北京：商务印书馆, 1997：100.
[2] 斯宾诺莎. 知性改进论 [M]. 贺麟, 译. 北京：商务印书馆, 1986：22-26.

尔哲学中个体性的人，其有限性是十分明显的；而作为斯宾诺莎哲学中分有了神本质的人，能按照"人的神性"要求克服自己的欲望，从不完善（现实的人性）走到完善（远较自己坚强的人性，即理性的人性）。因此，可以说斯宾诺莎虽然消解掉了人的"自由意志"，但其开辟了道德哲学的新领域。可以说，斯宾诺莎的哲学中"人的心灵"是从人的认识层面开始，最终回归人的道德层面，要使人性在道德领域中实现真正的自由，达到完满性。斯宾诺莎要将个体的主体性原则转变为了在"道德自由"中实现"普遍性"与"个体性"的统一，实现神性与人性的合一，实现人的全部本质。

但是，斯宾诺莎哲学由于缺少"自我意识"的参与，其所提出的思想对人们来说就像是面对一种既定公理一样，只能被迫接受而不能被理解，虽然有着思维的意义但却缺少了理性的认识。黑格尔曾指出，斯宾诺莎的伟大之处在于"仅仅以唯一的实体为归依"，提出了"一切真正见解的基础"，但这同时也造成了其思想和体系的"死板"，他舍弃了唯一有能动性、有生命性的东西，"把一切投入实体的深渊"[①]。

2.3.3 莱布尼茨单子论哲学对主体内在性原则主观能动维度的推进

莱布尼茨要用多元的个体性实体消除笛卡尔的二元论和斯宾诺莎一元论所带来的困境，为"我思"注入主观能动性，"赋予我们人之所以能称为'自我'的东西……"[②]。莱布尼茨作为大主教，受当时欧洲启蒙运动的影响，由于启示神学式微、理性哲学兴起，他想用神学体系保障哲学体系的准确性。他要寻找一种具有"统一性"能力的实体，使

---

① 黑格尔. 哲学史讲演录（第二卷）[M]. 贺麟, 王太庆, 译. 北京：商务印书馆, 1959: 103.
② 莱布尼茨. 新系统及其说明[M]. 陈修斋, 译. 北京：商务印书馆, 1999: 42-43.

实体同时具有多元性和个体性，进一步完善笛卡尔和斯宾诺莎的哲学。

莱布尼茨既不是把"我思"作为精神实体，也没有将"神"作为唯一实体；他用是否"述说的最终主体"以及"可分性（单一性）"来判断事物的实体性，赋予行动的主体以生命性和活动性。莱布尼茨认为，"实体"分为"实体的形式"和"实体的体式"，"实体的形式"是实体中"原始的力"，其不仅包含着"实现"和可能性的"完成"，还包含着一种原始活动。所以"实体的形式"是实体的本性；而形体、体积和运动是"实体的体式"。莱布尼茨在《论自然本性》的第十一节中明确提到了"实体"的概念："在有形实体中应该有一种最初的隐德莱希作为原始的活动能力；也就是一种原始的动力，与广延或纯粹几何学上的东西及质料或纯粹物质的东西相联结，就不停地行动……。而这种实体的本原，在生物那里就谓之灵魂，在别的东西那里就谓之实体的形式。这种本原与物质相连就构成一个真正是'一'的实体，但凭它本身就已经构成了一个单元；也就是这种本原，我名之为单子。"[①] 可见，莱布尼茨反对把"物质中那些可以无限分割的"、由"许多部分的聚集或堆积"而成的"集合体"作为实体。他所指的实体是具有某种"灵魂"性质的东西，是能说明统一性原则的形而上学概念，是一种统一性原则或"真正的单元"[②]。此时，莱布尼茨的实体理论就过渡到了"单子论"，单子本身就意味着一种物质和精神的"统一性"。他把物质解释为实体"单子"通过不同的"知觉"而产生出来的现象，从而消解了两种异质实体的对立。在莱布尼茨哲学中，实体的数目不是"一"和"三"，而是"多"，实体本身就具有精神性和物质性双重属性。因

---

① 莱布尼茨. 新系统及其说明 [M]. 陈修斋, 译. 北京: 商务印书馆, 1999: 169.
② 莱布尼茨. 新系统及其说明 [M]. 陈修斋, 译. 北京: 商务印书馆, 1999: 2.

<<< 第 2 章 近代主体性形而上学内在性原则的确立和发展

此黑格尔指出:"在莱布尼茨那里,我们将看到把相反的一面、个体性当成了原则;所以说,斯宾诺莎的体系是莱布尼茨以如此外在的方式成全了。"①

莱布尼茨认为,单子具有"欲求"和自由意志,人灵魂单子的表象能与事物表象实现统一。不同实体的灵魂具有不同的表象世界的能力,可能"清晰的表象"也可能"模糊不清的表象";单子"欲求"的不同等级使单子内部处于永恒的运动中,这是单子知觉能产生流变的根本原因,所以单子能从不清晰的知觉状态向清晰的知觉状态发展,最终达到理性层面,这就是一种单子知觉与物质表象的动态统一过程。单子只遵从自身内在的上帝赋予的法则、受自己内部变化的影响,它们之间是不发生影响和作用的;由于单子的独立性("无窗")和自发性("力"),因此没有两个完全相同的单子,而单子具有"众多性"的同时也具有"等级性",根据单子等级的不同上帝所赋予单子表象世界的能力也不同。每个单子都能与世界相互联系,都能对世界形成认识,所有的单子都是按照自己的方式表达自己所理解的那个世界,"上帝"作为最完满的太一单子能认识最真实的世界,而人能认识的只是人所能认识的世界表象。所以单子的"众多性"和"等级性"共同构造出了一个有秩序的、有机统一的现象世界,能实现有机的生命现象与无机的物质现象之间的统一。而对于"身心关系"的问题,莱布尼茨提出"上帝"会按照单子对于观念表象的清晰程度"安排"人的心灵和肉体行为以何种方式相一致。他把灵魂划为了两个层次,一是感觉层次,另一个是理性层次,人的灵魂具有观念性的情感,人心灵中的观念来自理

---

① 黑格尔. 哲学史讲演录(第二卷)[M]. 贺麟,王太庆,译. 北京:商务印书馆,1959:103.

性的天赋，也就是只有人的灵魂才具有理性，只有人能达到理性层次。莱布尼茨指出：“只要灵魂是完美的并具有清晰的思想，上帝便使躯体适应灵魂并预先做出安排，使躯体努力执行灵魂的指令；但如果灵魂欠完美，而其观念又模糊不清，上帝便使灵魂适应躯体，所以，灵魂为产生于躯体观念中的情感所左右，其结果是同一种效果和同一种表象，似乎此一直接地借助一种形体影响而依附于彼一。"[①] 所以躯体和灵魂，是根据灵魂是否具有清晰完美的观念，通过"上帝的安排"，在认知和道德的双重领域中实现的统一，这种统一不是一成不变的，仍旧是一种能发展、完善的动态过程。所以，在莱布尼茨哲学中，"我思"与"我在"的关系从斯宾诺莎的"一一对应"变为了"动态统一"；而"上帝"依然是比人高阶级的存在，赋予了人类理性。也就是无论笛卡尔、斯宾诺莎还是莱布尼茨，在"人"、物、上帝的关系中，上帝仍然是第一性的存在。但随着人的主体性地位的不断提升，上帝的地位也发生了变化。

莱布尼茨为人的"自我意识"明确赋予了"认知"和"反思"的功能，并借此来说明，人能通过自己的理性灵魂反思来认识自己和上帝的本质，实现必然和真理的认识。他说："通过对必然真理的认识和对它的抽象，我们也达到了从事反思行为的高度，这种反思行为使我们思考'我'，使我们观察'在我们身上'存在着此一东西，或者彼一东西的情况。由于我们将我们的思考对准我们自己，我们也就将之对准了'存在'，对准了'实体'，对准了'单一体'和'复合体'，对准了'非质料的东西'，甚至对准了'上帝'，只是我们要在他身上将在我们身上为有限的东西在他身上理解为无限的罢了。这种反思行为进而为我

---

① 莱布尼茨. 新系统及其说明 [M]. 陈修斋, 译. 北京：商务印书馆, 1999：149.

们提供了理性运用之主要对象。"① 单子作为具有统一性的实体，具有物质性和精神性的双重属性，能在认识和道德的双重领域中发挥作用。显然，德国古典哲学家们对于自我意识的理解，也沿袭了莱布尼茨的思想。"自我"不仅能"认识"还能"反思"，不仅能在认识领域中实现对客观物质表象的认识，使"反思"并不断完善，接近真理认识；也能在道德领域，对不完善的自我进行"反思"，不断完善"自我"。显然，莱布尼茨想通过"单子论"最终实现对真理知识的认识与理性自由。

由此，莱布尼茨的单子论冲破了笛卡尔"我思"的有限认识，解释了身心一致的原因；同时也解决了斯宾诺莎哲学中由于没有精神自我而缺少动力性的问题，进一步提升了人的主体性，具体地说，莱布尼茨推进了主体性哲学内在原则的主观维度。同时，上帝由笛卡尔哲学中作为"我思"的根据变为了斯宾诺莎哲学中的"神"之后，又在莱布尼茨哲学中作为"太一单子"成了理性与信仰的统一，可见人类理性随着人主体性的提升越来越接近上帝神性。但是，在莱布尼茨哲学中，"单子"预先就被设定为物质性和精神性的统一，其自身既为认识主体又为自由主体，从而把必然客观性排除在外了。莱布尼茨与笛卡尔和斯宾诺莎一样，都没有走出唯理论"独断"的迷雾，进而逃脱不掉被休谟怀疑的命运。

---

① 莱布尼茨.神义论［M］.朱雁冰，译.北京：生活·读书·新知三联书店，2007：486.

2.4 "知识论危机"中主体性困境与德国古典哲学的出场

无论笛卡尔、斯宾诺莎还是莱布尼茨都没有跳出经验论的立场来审视实体和"我思",进而无法离开"上帝"实现思维和存在统一,"上帝"在理性主义哲学中从未离开过;但在经验主义哲学中,特别是在休谟哲学中,由于经不起经验立场视域下的怀疑而不得不销声匿迹。在经验论立场的"我思"也由于其独断性而陷入了休谟的怀疑论之中,进而产生了"知识论危机"。德国古典哲学不仅要重审"我思"解除"知识论危机",最终实现思维与存在的统一;还要用人类理性代替神性,实现"上帝人本化",打造起关于真理知识的形而上学体系。

2.4.1 休谟的怀疑论让"我思"陷入"独断"

"我思"在笛卡尔、斯宾诺莎或莱布尼茨哲学中虽然作为实体或实体的本质特征而存在,但"我思"在唯理论中本身就存在着"独断"性,具有不可在经验层面获得和不可证明的双重风险,因此难逃休谟的"怀疑"。

笛卡尔哲学的根本任务就是通过普遍怀疑找到一个无法怀疑的"点"为哲学奠基。所以,笛卡尔"我思故我在"是借助于理性形而上学的思辨方法,使"自我"概念清楚明白地呈现于人的意识之中,只依靠理智直观发现,既不用证明也不能被怀疑,一旦"我思"被怀疑,哲学的基础就会被动摇。休谟却提出要把人的意识(情感)作为一切知识的发源和绝对根据，让哲学的一切结论接受人的主体意识的考察。休谟强调说："任何时候，我总不能抓住一个没有自己的我自己，而且我也不能观察到任何事物，只能观察到一个知觉"①。也就是休谟是在经验论立场上，以知觉经验为基础反驳了唯理论的"天赋观念"，休谟指出，人的"自我"观念是在知觉印象的反思基础上得到的，但并不是全部"心灵的对象"都可称为观念，还有一些是印象。"印象"是对对象强烈的知觉；"观念"则是对对象较弱的知觉，是印象的反应。在休谟看来，"自我意识"（自我感觉）是由几个简单知觉或者是印象、观念复合而成的。在心灵中，简单印象是先于简单观念存在的；而反省印象属于简单印象，其是由于出现在心灵中的某个简单印象引起的。我们可以认为，心灵中的每一事项不是由一个简单印象构成，而是由多个简单印象组成，因为如果只有一个印象在心灵中出现，则绝不会是反省印象，只能是感觉印象，而感觉印象是既不能形成认识也不能进行反思的。那么，唯理论"天赋观念"的观点就遭到了休谟的质疑。简单地说，休谟认为正确的印象的形成不可能只是由一个观念引起的，同时，休谟认为最终出现在心灵中的观念也是来源于对对象的印象的刺激所产生的，并不来源于"天赋"。所以"自我意识"在休谟的怀疑论中就成了一个基础性的"武器"，他通过分析自我意识的认识功能和机制，反驳和动摇了笛卡尔"我思故我在"的合理性。

可见，休谟正是切中了笛卡尔哲学的"要害"。笛卡尔的"我思"在休谟看来是毫无根据的，休谟认为，所谓的"不证自明"只不过是一种"独断"，他毫不客气地指出："有些哲学家们认为我们每一刹那都亲切地意识到所谓我们的自我；认为我们感觉到它的存在和它的存在

---

① 休谟. 人性论［M］. 关文运，译. 北京：商务图书馆，1980：282.

的继续，并且超出了理性的证信程度那样地确信它的完全的同一性和单纯性。……要想企图对这一点做进一步的说明，反而会削弱它的明白性，因为我们不能根据我们那样亲切地意识到的任何事实，得出任何证明；而且如果我们怀疑了这一点，那么我们对任何事物便都不能有所确定了"①。因此，"天赋观念"由于无法追溯其本原并无法论证其合理性，只能作为一种理性的主观假设。显然，休谟批判的是一种作为精神实体存在的理性，从经验论或自然科学实证上看，精神实体当然是无法证明其存在着的；"我思"既不能在经验中呈现，又不能用自然科学的方法实证或者像数学一样直观。从这一点来说，休谟怀疑其来源并指责其独断是具有合理性的。

从笛卡尔到莱布尼茨，一方面他们是在经验论立场上探究"我思"，因此作为实体的"我思"本身就暗含着思维与存在的矛盾；另一方面，作为天赋观念的"我思"本就是"预设"的存在带有着独断性，进而难逃休谟的怀疑。休谟的怀疑论对理性原则的形而上学认识论来说是一种致命的颠覆，休谟直接对科学知识中"普遍必然性"的来源提出了质疑，导致了"知识论危机"的出现。

2.4.2 "知识论危机"与主体性理论内在逻辑困境

"知识论危机"并不是科学知识本身出现了"危机"，而是哲学出现了危机，休谟的怀疑使得以往哲学获得真理方式的有效性被打上了问号，近代哲学家们执着地效仿科学来建构哲学的理想化为了泡影。但是，休谟的怀疑本身也存在问题，他同样是基于经验论立场而做出的判断。

---

① 休谟. 人性论[M]. 关文运, 译. 北京：商务图书馆, 1980：281.

第 2 章 近代主体性形而上学内在性原则的确立和发展

所谓经验论立场就是相信"经验"的真实性，经验论相信外在经验或感性经验的真实性；唯理论相信内在经验（普遍观念）的真实性。经验论立场有其本身固有的缺陷，强调外在经验的真实性，就无法知道经验背后的事物本身，也就是无法说明知识的客观有效性和普遍必然性，必然导致怀疑主义和不可知论，也就是感性经验的个别性无法推出普遍性，则必然要陷入怀疑；而强调内在经验（天赋观念）的真实性，其所谓的第一原理就难逃独断论的嫌疑，内在经验无法在经验中得到实证，只能沦为独断，不仅如此，它还必须面对"二元论"的问题，如果知识是完全由理性自身推演而来与外部经验无关，那就不得不面对"如何保证自我内部产生的知识与外部事物的一致性"问题。休谟试图重新确立唯理论中"我思"的来源，建立一个以知觉和印象为基础的"经验自我"体系，以克服笛卡尔自我观念的虚妄性。他提出要严格地把"自我"限制在经验与观察的印象基础之上进行阐述。但是，休谟怀疑论的出发点就是"观念来自经验"，其对于自我意识的设定也是由于经验知觉产生的，所以与"我思"一样，休谟的"自我意识"仍旧是经验论立场，其在建立形而上学的近代诉求方面也同样遇到了自身无法克服的内在矛盾。所以如果接受休谟的观点，就等于从经验出发再回归经验，则必定又会对所获得的知识产生普遍性和确定性方面的疑虑。可见，"知识论危机"使得"我思"的内在逻辑困境显露了出来，同时宣告了用科学方法打造形而上学的失败。

可以说，知识论危机就是思维和存在无法实现真正意义上的统一而造成的，出现这个问题的根本原因就是近代哲学立足于科学或经验的思维方式。从方法上看，用经验中的"我思"去论证"我在"，不可能找到思维和存在的统一点，因为它们是异质的。经验论怀疑"我思"的实存性，是由于休谟用经验实证来评判"我思"实体的真实性；而唯理性则恰恰是看到了只有摆脱经验实证的多变性和偶然性，才能使知识具有普遍必然性。由此笛卡尔用"理性演绎法"来打造他的知识大厦，一方面用几何学的推演方式保障自己的推演过程符合逻辑，另一方面用理智直观来得到推演所依据的基本原理，但却因直观到的这个"第一原理"缺少本体论基础而遭受到了怀疑。从思维方式上看，休谟、笛卡尔、斯宾诺莎和莱布尼茨都是知性思维，他们都是将思维和存在隔离开来，以一方来否定另一方。黑格尔说："就思维作为知性（理智）来说，它坚持着固定的规定性和各规定性之间彼此的差别。以与对方相对立。知性式的思维将每一有限的抽象概念当作本身自存或存在着的东西。"① 简单地说，知性思维就是"非此即彼"的思维方式，要以否定一方来实现确证另一方的正确，"知性活动一般来说就在于抽象"②，其发展到最高层次就是"怀疑论"或者是走向其反面实现向"亦此亦彼"的辩证思维方式的跃迁。由于近代哲人们都是知性的思维方式，所以思维和存在的统一在近代哲学从根本上就无法完成，无论用思维统一存在、还是用存在统一思维都是不可能实现的。若要重建形而上学，必须另辟蹊径，如果不能向外界事物寻找哲学的立足点和知识的普遍必然性，则必然要向人的主体内部继续寻找。

显然，在近代主体性哲学中，"我思"既无法确证其自身，也无法离开上帝实现与"我在"的统一。将"自我"和"理性"局限在经验的知性思维层面去探讨"思维与存在的关系"问题是不可能成功的，"经验论拒斥形而上学，所以他们的哲学就是认识论"③，唯理论要避免

---

① 黑格尔. 小逻辑［M］. 贺麟, 译. 北京：商务印书馆, 1980：173.
② 黑格尔. 精神哲学［M］. 杨祖陶, 译. 北京：人民出版社, 2006：295.
③ 张志伟. 西方哲学十五讲［M］. 北京：北京大学出版社, 2018：213.

主观主义，就要以本体论或形而上学为知识的前提，因此，在德国古典哲学之前寻求知识、实现思维与存在统一的路径都失败了。

2.4.3 德国古典哲学重审"我思"内在性的形上诉求

休谟的怀疑论对于近代西方哲学的发展有着重要的作用，在休谟之前，很少有哲学家涉及人自身的认知能力和认识方式。"我思"自身的局限性，使唯理论走到了尽头，当"我思"的主观性成为一个必须面对的问题，而外界刺激所产生的经验又是流逝的、无确定性的，那么就依然要回到人的主观中寻找客观，以便保持某一物质是一物质，其属性与实质不会因为个体主观性而改变。

休谟认为，人性问题是一切哲学问题的基础和前提条件，人性是一切科学和哲学的唯一可靠的"新地基"，他说："在试图说明人性的原理的时候，我们实际上就是在提出一个建立在几乎是全新的基础上的完整的科学体系，而这个基础也正是一切科学唯一稳固的基础。"[①] 可以说，"人性"即为休谟的"阿基米德点"。休谟遵循着经验主义哲学的研究传统，用经验和观察的方法研究"人性"，将经验主义的哲学范畴从自然哲学扩展到了精神哲学。休谟指出："凡自命为发现人性终极的原始性质的任何假设，一下子就应该被认为狂妄和虚幻，予以摒弃。"[②] 他这样做的目的，就是想以此排除人意识中的关于人性理性的判断，进而得到一个纯粹的意识，使最概括、最精微的理性原则直接显现于自身之中，这个观点深刻地影响了康德，康德正是在这个基础上提出了要摒除一切"虚假的知识"对"纯粹理性"本身进行批判。

---

① 休谟. 人性论 [M]. 关文运, 译. 北京: 商务图书馆, 1980: 8.
② 休谟. 人性论 [M]. 关文运, 译. 北京: 商务图书馆, 1980: 9.

休谟的质疑使得原本被忽视的知性界限问题浮出了水面，变得无法逃避。在休谟看来知识分为两类，一类是由观念之间的关系所形成的先天的知识，只要符合逻辑即可；第二类要建立在感觉经验的基础上，依据因果关系而获得的事实知识。而他最终使近代哲学的认识论走到了死胡同，因为唯理论信奉的先天知识，虽然只要符合自己的法则就具有普遍必然性，但却对外界事物无效；经验论主张的关于事实的知识，却只具有或然性。笛卡尔、斯宾诺莎和莱布尼茨的哲学理论都是通过看到的经验现象推断出的，它们经验论立场的原则没有变，所以必受到休谟经验论的怀疑。虽然莱布尼茨中和了笛卡尔和斯宾诺莎的思想，"我思"在莱布尼茨哲学中已经能主动反映客观世界，但上帝依然控制"我思"，人的能动性是有局限的，由于人的单子清晰度不够，上帝能看到真实世界人看不到，人只能看到的是表象世界。这也在一定程度上说明，用经验论立场看待"我思"时，"我思"的正确性和必然性问题永远无法得到实证，可矛盾的是，经验论立场本身却要求我们证明。而除了知识方面的问题外，更严重的是近代哲学由于过度重视自然科学而造成的理性与自由的矛盾。近代哲学家们所倡导的是一种"科学理性"，要将自然科学的方法推广到一切知识的领域，他们坚信无论自然、社会还是人本身都遵循着统一的法则，对于许多哲学家来说，形而上学如果不能证明是科学就会失去知识的根基。但是，如果形而上学成了一种缔造科学的思维方式，那么就会形成科学万能的观念，人就有了再一次回到与物等同的境遇，被看作是"一架精密复杂的机器"的危险，人类就可能会失去自由，甚至人性会继在中世纪异化给上帝后再一次被科学所泯灭。因此，康德要面对的就成了自然、人、神之间的关系问题，具体地说这是形而上学的问题，康德以及德国古典哲学都要面对这个问题，也即面对如何看待知识、自由与形而上学之间关系的问题。

　　康德作为沿着休谟开辟的新道路走出去的第一人，他认为形而上学不能成为一切知识的基础，但却关怀理性的自由，是人类理性精神的最高理想。康德斩断了认识和理性，为知识找到了根据。他对休谟的反思进行思考，重审"我思"，对"理性"本身进行考察，在主体的认知结构中寻找普遍性原则，将人的理性由经验提升到先验，论证了自我具有普遍的先验认识结构，使得"思维和存在的关系"问题在某种程度上实现了统一，解除了知识论危机，开启了德国古典形而上学的新时代。而最终德国古典哲学不仅要完成思维和存在的统一，用人类理性打造作为最高知识基础的形而上学，还要使人性取代神的至上地位，用形上的知识指导人类获得现实的自由和解放。正是在这个背景下引发了德国古典哲学的时代出场。

第3章　德国古典哲学自我意识的形而上学建构

近代以来，从"人"出发、立足于经验用自然科学或数学的方式建构形而上学的"迷梦"被休谟打破了，康德不得不为未来形而上学重新寻找出路，康德在《未来形而上学导论》中曾明确提出："我坦率地承认，就是休谟哲学在多年以来首先打破了我教条主义的迷梦，并且在我对思辨哲学的研究上指出了一个完全不同的方向。"① 康德放弃了此前经验式的分析，而是用"先验演绎"的方式对主体"自我意识"的构成、能力、运用、范围等进行全面的审视和审查，用"先验自我"确保了形而上学建立的合法性，解除了"知识论危机"。德国古典形而上学不仅要解决认识论问题，理性启蒙运动还要求其关注人类自身获得尘世解放的自由问题。

---

① 康德. 任何一种能够作为科学出现的未来形而上学导论［M］. 庞景仁，译. 北京：商务印书馆，1982：9.

3.1 康德批判哲学中的自我意识——先验自我

康德在《纯粹理性批判》第一版（1781年）和第二版（1787年）中的"纯粹理性的谬误推理"有关部分，以及第二版中的"纯粹知性概念的先验演绎"部分，都对"自我意识"的特征和作用做了阐释。康德首次将自我意识做"先验"的思考和理论建构，从而让自我意识超越了经验意义的自我，走向纯粹自我的形上建构。

3.1.1 康德对"先验""先验自我"的界定

康德是第一位将"自我意识"从经验论立场提升到先验层面的哲学家，他一方面以"理性"本身为对象考察了人的认识能力，一方面为理性和知识划定了"界限"。在康德哲学中，对于"先验"和"先验自我"的理解是至关重要的，"先验"并非像有些学者所认为的那样在康德哲学中与"先天"做混淆应用，恰恰相反，康德正是通过对"先验"与"先天"的区别使用，显示出了"经验"与"超验"在人类理性思维层次上的不同。

康德哲学中的"先验"是指在经验之前的、与经验认识的形成相关；虽然"先天"也同样是指在经验之前，但它与经验无关。因此，"先验"可以看作是一种考察经验何以可能的先天条件。康德是在关于论述"先验逻辑"的时候特别明晰了关于"先天"与"先验"的概念，并且明确指出这关系到他下面的所有考察。在康德看来，并不是所有的先天的知识都是先验的，但先验的知识一定是先天的，先验的知识更强调的是对于"先天知识何以可能"的认识,是属于认识论的,其比一般的先天知识具有更高的层次,康德据此构成了与形式逻辑(普通逻辑)不同的"先验逻辑",先验逻辑与形式逻辑最大的不同,就在于它反思自己的先天可能性而不是随意地运用,也就是虽然先验知识与对象有关,但并不是关注知识是不是关于这个对象所形成的真理认识而是关注于对这个对象所形成的认识形式的先天条件和认识方式。康德说:"我把一切与其说是关注于对象,不如说是一般地关注于我们有关对象的、就其应当为先天可能的而言的认识方式的知识,称之为先验的。"① 所以"先验的"虽然与"经验性"相区别,但其所形成的并不是对于"非经验性的"对象的认识,也就是"先验的"和"经验性"的区别只在于"对知识的批判的"形成方面,只是认识对认识能力的形成方面说的,而不涉及"认识对物的关系"以及"知识与其对象的关系"②,因此,在康德哲学中"先验的"只能通过"直观"与对象产生间接相关而不能直接相关。

邓晓芒在《德国古典哲学讲演录》中说得十分清楚:"它(先验)先于经验并不脱离于经验。它先于经验,但是呢,它所讨论的呢,是经验何以可能。……也就是说,对先天的东西何以能够构成经验的东西加以考虑,加以思考,这就是先验的意思。"③ 可见,康德哲学中"先验的"就具有了认识论的意义,指向关于对象的知识,而形式逻辑被康德加入了"先验的"就从不关心经验对象的先天判断形式变成了与对象知识有关的先验"范畴",进而逻辑学有了进入认识论的契机。康德多次强调"先验的"只能是指向经验对象,先验的范畴只能有经验性

---

① 康德. 纯粹理性批判 [M]. 邓晓芒, 译. 北京: 人民出版社, 2004: 19.
② 康德. 纯粹理性批判 [M]. 邓晓芒, 译. 北京: 人民出版社, 2004: 55.
③ 邓晓芒. 德国古典哲学讲演录 [M]. 湖南: 湖南文艺出版社, 2017: 62.

的运用，只能形成"纯粹知性的内在的原理"，也就是只能在经验的范围之内、现象之内起作用，并不能用于"超验的"领域。因为"超验"并不属于主体之中，"超验"完全超出经验之外，是属于本体论意义的概念，其属于理性理念的应用范围并不属于知性的范畴。所以，纯粹理性在康德看来是高于知性的、超验是高于经验的。纯粹理性的理念虽然也具有"先验"的性质，但"超验理念"不是针对认识对象的而是用于实践目标的。

在康德看来，一切知识都开始于经验，经验作为先天综合判断的内容保障了知识的实在性，而确保知识普遍必然的确定性的是理性先于经验的先天的认识形式——"先验自我"，康德的"先验自我"可以说成是认识经验内容的形式或是条件，它能把经验内容联结为一个整体并赋予其普遍必然的意义，由此才能形成新的知识。康德把感性的对象二重化了，它内容上是经验的、形式上是先验的。康德认为，认识只能通过感性直观而与对象相关，感性是一种通过我们被对象（自在之物）所受刺激的方式来接受表象的能力，"时空"作为先验自我的感性直观能力，"它们是这样一些仅仅依附于直观形式、因而依附于我们内心的主观性状的东西……"[①]，是主观的东西。由于经验内容要通过感性直观被先验自我接收到，也就是自在之物刺激认识主体，但主体并不是反映自在之物，而是通过纯粹主观的感性直观被动接受了这种刺激，而经过先验自我的主观安排，所接受的认识对象只是自在之物的表象。这与经验论的"反映论"很是相似；但康德同时强调"先验自我"对内容有决定作用，也就是感性对象依赖于能动主体，认识主体的主观能动性才是第一位的，这又是唯理论的观点。经验内容保障了知识的"实在

[①] 康德. 纯粹理性批判[M]. 邓晓芒, 译. 北京：人民出版社, 2004: 28.

性"，先验自我保障了知识的"确定性"，可见康德用"先验自我"调和了经验论与唯理论。康德认为，我们无法通过内感官直观认识经验，也不能直接由概念掌握关于经验的知识，但我们能通过内省拥有主体自身的先验知识，这一知识，以先验统觉为基础，通过反思内省获得。简单地说，我们只有在"统觉"的先验行动中才能获得知识，或者说"先验自我"使这种知识的获得成为可能。

"先验"在康德哲学中，指的是在经验之前与经验对象相关的、具有认识论意义的、关于先天知识何以可能的概念；而"先验自我"则是作为一切思维主体活动的形式，能认识一切客体事物的表象，是一切经验知识何以可能的根据。显而易见，康德的"先验自我"与笛卡尔的"我思"完全不同，指的是一种先验的纯粹思维活动，其本身已经脱离了经验论立场，强调的是"认识何以可能"的先天形式和条件。

3.1.2 先验自我的结构与功能

康德提出只有通过"先验综合判断"才能得到"真知"，由此康德对人类形成认识的"理性"本身进行了"批判"。康德强调"理性批判本身就必须把先天概念所包含的全部内容、这些概念按照不同源泉（感性、理智、理性）的类别连同一张完整的概念表，以及对所有这些概念的分析和这些概念可能产生的一切结果，特别是通过先天概念的演绎而证明出来的先天综合知识的可能性、先天综合知识的使用原则以至使用的界线等等，统统都摆出来……"[①] 因此康德不仅审查了先验自我的结构与功能，还为"理性"划定了界限。

康德认为，先验自我具有先验感性形式——时间和空间，这是先验

---

① 康德. 未来形而上学导论 [M]. 庞景仁，译. 北京：商务印书馆，1982：160-161.

<<< 第 3 章 德国古典哲学自我意识的形而上学建构

自我的直观能力，是一种通过主体被对象（自在之物）所刺激来被动接受表象的能力。康德提出，知识开始于经验，但形成知识的却是主体的先验形式。他说："思维无内容是空的，直观无概念是盲目的"①，没有"直观"认识就没有内容，没有"概念（范畴）"就无法形成知识。康德在《纯粹理性批判中》曾明确说："自我意识如何统一客体知识，除了需要一般客体（在范畴中）的思想之外，我总还需要一个我由以规定那个普遍概念的直观一样，我对于我自己的知识除了意识，或者除了我思以外，也需要一个我由以规定这个思想的、对于我里面的杂多的一个直观，而且是作为理智而实存的。"② 也就是除了有思维的我（知性的自我）提供概念（范畴）形成知识以外，还要有直观的我（感性的自我）提供经验表象作为认识的内容。对于先验自我的感性直观认识来说，"时空"作为纯形式由能直观的自我提供，其能接受来自经验的物本身的刺激作为认识的质料。虽然知识开始于经验，但由于"对于构成经验可能性的先天基础的主观来源不是按照其经验性的性状，而是按照其先验的性状加以考虑"③，所以只有符合主体感性的先天直观形式的事物才能被感知，而只有表象才与"时空"相契合，感性被看作是心受到刺激接受表象的能力，也就是先验自我通过先验感性纯形式（时间、空间）进行直观接受关于客体事物的杂多表象的能力，是一种认识中的被动因素，没有感性就没有对象提供给范畴，只有经由知性范畴的"纯粹统觉"的表象才能真正成为认识的材料，所以先验自我的感性形式——时空和表象确保了知识的实在性。也就是人们所能认识到的是关于感性提供的事物表象的知识。

---

① 康德. 纯粹理性批判 [M]. 邓晓芒, 译. 北京: 人民出版社, 2004: 107.
② 康德. 纯粹理性批判 [M]. 邓晓芒, 译. 北京: 人民出版社, 2004: 105.
③ 康德. 纯粹理性批判 [M]. 邓晓芒, 译. 北京: 人民出版社, 2004: 113.

康德提出，先验自我具有知性结构——知性范畴和统觉，感性提供"内容"、知性提供"概念"，它们共同作用才最终产生知识。与感性的接受性不同，知性强调一种构成性。范畴来源于纯粹的知性自发活动，提供先天的认识形式，"统觉"一切经验材料。康德根据先天综合判断的原则改进了形式逻辑并形成了知性范畴表，他将形式逻辑"质、量、关系、模态"的四组判断由二分法改为三分法，并提出它们每一组判断都对应一个范畴。知性具有形成知识的主动性，具有想象力、综合力和构成性；能通过想象力运用12个知性范畴去捕捉感性的自我所提供的直观表象；统觉能用范畴中的知性规则统一表象及其之间的关系，也就是知性范畴能应用于感性表象，确保其客观有效性。简单地说，先验自我运用知性范畴和先验统觉的统一性，把感性直观所接受到的杂多表象以及表象之间的关系进行综合统一，最终形成对于表象有效的知识。康德指出，一切联结不论我们是否意识到它，也就是无论是经验还是非经验的都是意识的知性行动，"而且在一切表象之中，联结是唯一的一个不能通过客体给予、而只能由主体自己去完成的表象，因为它是主体的自动性的一个行动"①。由此，康德用先验自我的知性范畴和认知模式回应了休谟的怀疑论。休谟认为事物之间的关系是随意的联想，而康德却提出人先验的具有一套认知法则；人类的认识始于经验但却完成于先验，经验只提供表象作为认识的质料，先验统觉能综合每一个杂多表象，同时又把杂多的表象带给先验自我，这个过程是普遍的、客观的、必然的；即当人发生认知活动时，就都会遵循这套认知法则，从而确保了知识的确定性。在康德之前的认识论中，所有的知识形式都要符合认识的对象，也就是我们要对认识的对象进行分析和综合以求得到知识；

---

① 康德. 纯粹理性批判 [M]. 邓晓芒, 译. 北京：人民出版社，2004：62-63.

而康德却提出，人具有先验的认识结构，先验自我可以把经验质料对人的感性刺激所形成的表象纳入知性范畴，认识的对象要在人的认知结构中进行演绎才能形成知识，康德颠覆了以往人类对于客体认识的方式，实现了认识论的"哥白尼革命"。可见，先验自我的最高能力，就是先验自我的统觉能力，康德所谓的"作为理智而实存的东西"就是先验统觉或者直接表述为"先验自我"。先验自我不但能把十二个范畴统觉在一起，也把感性与知性统觉在一起，成为科学知识产生的先验根据。

康德提出，先验自我具有理性能力——推理，所以人们能由有限推至无限、由经验推至超验，从而产生理念。在康德的先验哲学中，感性直观是有限的，感性直观只能被动接受来自外界的刺激形成关于现象界的杂多表象，以此作为认识的材料；而知性是通过范畴把感性直观的材料综合为经验的判断来形成知识的，也就是知性认识活动要依靠感性直观，所以，康德所形成的是关于表象的知识，是有限的知识，康德将这个称之为规则。人们想要对理性的对象——心灵、理念与上帝形成认识，就要运用先验自我中的理性能力，理性活动的逻辑形式是间接推理，不与经验对象相关，所以无限理性不具有范畴，只能用知性范畴来对理性的对象形成认识。有限的知性认识形式，显然不能对理性的无限认识对象起作用，但康德认为，我们能用推理实现这种对于"无限事物"的认识。因此，康德为了实现认识无限的"野心"，设定先验理性具有推理能力，可以不被形式和范畴所束缚，我们能根据主观推理所获得的一种主观概念，但显然最终我们不可能获得与主观推理一致的客观对象，只能获得一个"理念"，是一个"真理幻象"。正如经验论立场无法打破休谟的怀疑一样，先验立场不可能通达超验的理性对象，我们想要真正实现对无限对象的认识，只有两条路径：一是如费希特一样，把理性对象纳入先验自我中，把主客所有一切事物都纳入绝对自我；二是如谢林一样，跳出先验、走向绝对，使自我"遭遇"上帝，直面理性。

  按照康德的设想，自我意识除了感性直观之外还存在一种可以实现对于本体认识的直观活动——"智性直观"，康德说："我们也可以思维一种直觉的知性（用否定的说法，就是只作为非推论性的知性），对它来说自然在其产物中按照特殊的规律而与知性协调一致的那种偶然性是不会遇到的。"[①] 这是一种带有能动性和创造性的知性直观活动，能自发产生出或者说是创造出自己对象的一种直观，是一种"本源的直观"，此时主体中的一切杂多会自动地被给予，这种内部的直观就是智性的。相较而言，先验自我的感性直观只是一种"派生的直观"，它不是本源的，只是一种依赖主体的表象能力为客体刺激所产生的直观方式。虽然康德承认这种对于事物本体有效的知性直观是存在的，但是在康德看来，这种智性直观是人类理性不可能达到的，因此人类理性也不可能实现对于本体的认识。康德之所以提出这种智性直观只是为了更好地解释"反思判断力"。这种知性直观是一种整体性的直观，能按照知性的要求把外物和自我按照性状和关联设想为一个统一体，但这只是一种设想，"并不涉及就这种产生方式而言这样一些物本身（哪怕作为现象来看）的可能性，而只涉及对它们所做的在我们的知性看来是可能的评判"[②]，因此它并不能构成理性的"规定性判断力"，只能反思到我们主体中的某种需要，从而形成"反思判断力"。

  康德先验自我的提出，结束了笛卡尔、斯宾诺莎和莱布尼茨对于

[①] 康德. 判断力批判 [M]. 邓晓芒，译. 北京：人民出版社，2002：259.
[②] 康德. 判断力批判 [M]. 邓晓芒，译. 北京：人民出版社，2002：260-261.

"我思"是实体还是实体属性的争论，同时也赋予了自我意识以能动性，使自我意识具有先验统觉这种能接受并实现对事物表象认识的能力。康德在主体中找到了客观的认识形式同时也为认识的质料加入了客观性，进而解决了近代哲学的怀疑论和独断论问题，为"科学何以可能"找到了依据。先验自我就是康德的"阿基米德点"，康德的整个形而上学体系都是以先验自我为基础建构的。

3.1.3 基于先验自我的"三大批判"哲学体系建构

康德认为未来的形而上学体系应是一个多线条的有机整体。康德的《纯粹理性批判》是"自然"的形而上学，论证先天综合判断如何可能，从而确保知识的普遍必然性，即"真"；《实践理性批判》是"必然"的形而上学，论证"自由何以可能"，即"善"；《判断力批判》是沟通"自然"和"必然"的形而上学，论证"审美何以可能"，即"美"；而"批判"即指审视、审查。康德把未来形而上学分为两个方面，一个是纯粹理性的思辨运用（自然），一个是纯粹理性的实践运用（道德）；二者本质上都是用以批判为前提的先验方法来实现的，康德通过对人的自我意识做先验的考察，从而建构了自己的形而上学体系。

康德自然形而上学运用的是"建构方法"，它通过知性范畴对杂多表象做出的形式规定，使经验中的对象具有客观效力；道德形而上学则运用"范导方法"，它强调理性对经验进行最大限度的延展，以建构一个完整、有机的形而上学体系。康德提出，在先验自我的知性范畴"量、质、关系、模态"这四者的共同作用下外部世界才能在先验自我中呈现为一个整体，而建立这个"整体"所依据的方法和原则就是"理念"，理念作为"这一整体的形式的理性概念"可以把杂多知识统一为一个科学的形而上学体系，康德用先验自我形成了其理论体系的"建筑术"。康德对"先验自我"所具有的感性、知性、理性这三重认识结构进行了划分，论证了纯粹理性的运用范围，进而保障了"三大批判"作为一个相互补充、相互关联的有机整体。在感性阶段，康德运用先验自我的感性直观接受来自经验事物的表象；在知性阶段，康德运用先验自我的知性统觉能力，整理感性直观的杂多表象，并使之在范畴联结中综合统一形成关于事物表象的知识。康德强调先验自我的知性范畴作为法规只能运用在知性领域，因此，人可以为自然立法却不能为理性立法。当我们把范畴运用到"自在之物"时，只能产生理性的"幻象"。但康德自诩只要按照自己的方案，就可以建立起真正可靠的形而上学原理，康德说：（建筑术）"它要求的不是经验性的理性统一，而是先天的纯粹理性的统一。"[①] 也就是康德强调的是先验自我所具有的普遍必然性，是先天的人类实现认识和行为的规范性准则。康德指出，实践理性的诸规定（法则）只有与感性世界相关联才会产生作用，虽然因果性范畴在理论领域属于知性范畴，但在实践领域中，先验自我将感性中的欲望杂多与理性中的意志自由统一在一起，使得人们能认识善，并制定自己的行为准则。也就是，先验自我所具有的纯粹理性的实践能力，给予了人类获得崇高自由的先天条件，这种自由作为理性被建立在"量、质、关系、模态"范畴之中，所以是适用于所有理性存在者的"普遍立法的原则"，是道德原理演绎的客观依据。在道理律令下，先验自我使得实践理性统一欲望杂多为一个纯粹先天意志的意识统一体，实现了思维与存在的统一。简单地说，康德用先验自我中"量、质、关系、模态"这四类范畴统摄道德行为，最终形成了道德法则，

---

① 康德. 纯粹理性批判 [M]. 邓晓芒, 译. 北京：人民出版社, 2004：319.

道德法则为人们的行为制定了一系列形式上的规范。而由此,康德哲学中的理论哲学和实践哲学由于对象(感性、知性;理性)和方法(建构;范导)都不同而分裂开来。

康德提出,先验自我具有反思判断力,也就是"审美"的能力,这是一种介于现象界和本体界之间的审美领域中的反思判断活动。康德的"建筑术"在审美领域起到了主观的调节作用,能够和谐先验自我的能力,沟通理论和实践两个领域,实现理论哲学和实践哲学的统一。

康德认为,在面对一个对象的时候,如果只是依靠自由的想象力则无法形成约束,必须使想象力受知性约束而符合一种规律性;此时,知性起到一种监督和约束的作用,使想象力享有一定尺度的自由;审美判断力是对直观、想象力与知性能力的协调。当人面对欣赏对象的时候,先验自我不需要运用范畴去认知,也不需要去做规定性的判定,只是通过四个"契机"(量、质、关系、模态)协调感性直观、想象力、知性之间的矛盾,得到一种协调后的自由愉悦享受,并通过先验自我的共情能力,传达出这种自由情感。这种自由愉悦感具有先天原则,因为要和自我那种普遍的先天需要结合,"我的愉快,我可以由此推断所有的他人也会同样地感到愉快,所以有一种普遍传达客观化的要求……人类的审美活动,就是这样一种活动"[①]。在先验自我的"四个契机"中,共通感作为主观先天的形式条件,必然符合审美愉快的普遍必然的客观要求,因此这种由审美带来的情感是一种普遍性的自由愉悦情感,是一种客观性的东西;而反思判断力可以使得"美的对象"这种客观性通过主观的东西表达出来。康德指出,通过"美"个人可以把自己的自由愉悦感受传递给每个人,因为这种"主观的美"同时具有一种客观性,

---

① 邓晓芒. 德国古典哲学讲演录[M]. 湖南:湖南文艺出版社,2017:204.

也就是审美对象客观上具有能"美"的属性。于是，康德通过"共通感"使个人的审美判断融入社会的审美判断之中，具有了普遍性；虽然，每个人的审美判断都是主观的，但我们却可以通过他人的审美判断来衡量自身。由于这种反思判断力不管如何在对象与主体、个体与社会间来回反复，最终目的都是满足人情感自由的需求，体现着人本身，可见审美并不是以外部的对象为目的、借用概念去规定那个对象，而是以人的自由为目的，这与道德所强调的目的一致。审美活动能使人由经验的认识领域进入到自由的道德领域，进而完善人性。显然，"审美"成了理论理性与实践理性之间存在的中间环节，能把有知识的人逐步引导为有道德的人。

康德用先验自我的统觉能力作为其"纯粹知性概念的演绎"部分中知性认识的最高原理，实现了人类对于事物表象的认识，并把理性对象留给了道德领域；用先验自我的理性实践能力，给予了人类获得崇高自由的先天条件，在道德领域实现了人类理性自由；并用先验自我的情感共通感，作为"纯粹审美判断的演绎"部分的审美活动的最终依据，实现了"理论哲学"和"实践哲学"之间的沟通。可以说，康德的"三大批判"互为补充，使人的理性得到了发展，将理性启蒙推向了新的发展阶段。

3.1.4　康德主体性原则的先验确立

在康德哲学中的"先验自我"与笛卡尔、斯宾诺莎等人经验的"我思"是完全不同的，"我思"是精神实体，而先验自我"无非先天地联结并把给予表象的杂多纳入统觉的统一性之下来的能力，这一原理乃是整个人类知识的最高原理"①。康德用先验自我这种存在于主体中的认识能力（结构），将"思维的我"从"我思"的经验论立场中解脱出来，确立了"先验"的主体性原则。

第一，康德确立了以"先验自我"为原则的形而上学。近代哲学的经验论立场，使得"我思"陷入了休谟的知识论危机，用自然科学的方式打造哲学宣告失败，康德提出要对"我思"进行先验考察，重新确立人类知识的最高原理。康德认为，只有"先天综合判断"才能形成新的知识，知识要有实在性也要有确定性，而只有"我思"成为先验的自我意识才能确保知识的普遍必然性，"'我思'概念的这种含混性使它只经过澄清以后，即只有作为人心中一切概念（包括天赋观念）的载体，才能视为'思维主体的绝对统一'"②。"我思"必须要提升到先验层面，使"自我"成为一个主观中存在的客观载体，才能使人成为纯粹的认识主体，进而形成知识。所以，在康德哲学中，先验自我不是经验论中的"本体之在"，而是先天存在于人主体的认识结构和先验的统觉能力，强调的是自我意识的能动性和统一性，是一个"思维主体"。先验自我提供"时空"和"知性范畴"以及"先验统觉"，是人类理性先天的认识形式和能力，康德将其作为认识论的基础，实现了从主观对于客观的反映论到客观符合主观认识形式的认识论变革；同时将其作为实践论的基础，确证了人心中普遍存在的"道德律令"；作为反思判断力的基础，通过审美使有知识的人成了有道德的人。

第二，康德用先验自我完成了思维与存在的统一。无论是唯理论的

---

① 康德. 纯粹理性批判 [M]. 邓晓芒, 译. 北京：人民出版社, 2004：91.
② 杨祖陶, 邓晓芒. 纯粹理性批判指要 [M]. 北京：人民出版社, 2001：270.

笛卡尔、斯宾诺莎还是莱布尼茨，都没有真正完成思维与存在的统一，都是借助了"上帝"的帮助，形成了思维与存在统一的假象。康德的"先验自我"才使得思维与存在的统一成为可能。在康德的先验哲学中，先验自我具有的先验统觉能力能使来自经验的表象与先验自我提供的感性认识形式成为知性的认识质料，再通过先验自我的知性范畴在"先验图型"中将感性直观来的材料与知性提供的形式通过先验统觉综合统一形成具有普遍性的知识。由此，康德通过考察"理性"本身，划定了知识和理性的"界限"，把"上帝"排除在了认识之外；通过先验自我将经验表象纳入主体中，并将"杂多的经验材料联结为客观的具有普遍必然性的认识对象"①，以此确保了知识内容和形式在客观上不相矛盾、在主体中合乎逻辑，从而保障了知识的普遍必然性。这是第一次思维和存在摆脱了"异质"的困境，在同一个"领域"（先验自我）中完成了统一。

第三，康德用先验自我在道德领域使人成了"道德化的上帝"。在康德哲学中，认识论领域是没有上帝的，上帝是本体，人不能对其形成认识；在实践领域是有上帝的，上帝是伦理的公设，对人的伦理实践有意义。康德认为人进行道德活动完全出自他的"理性"，而非是对于上帝的"虔诚"，也就是康德哲学是由于人的伦理需要产生了上帝，是因为道德而宗教，而不是因为宗教而道德。在康德看来，道德法则存在于人的先验的理性意识中，在这个过程中，"自我意识"的感性、知性和理性都发挥了作用。人可以运用先验自我的"质、量、关系、模态"的知性范畴把感性中的欲望杂多与纯粹意志中的自由意志实现统一，并凭借先验自我的理性能力，不断完善自我，令自身的意志与道德法则完

---

① 杨祖陶．德国古典哲学的逻辑进程［M］．武汉：武汉大学出版社，2003：60.

全符合，最终完成道德法则的绝对命令，从而具有纯粹的善良意志，成为理性存在者。当先验自我运用理性的推理能力，使人能不断克服欲望达到至善，人本身就成了道德化的上帝。

可见，康德的先验自我完全不同于经验立场的"我思"。康德确立了先验的主体性原则，冲破了经验立场对人类理性的束缚，人类"理性"第一次真正被作为哲学研究的对象得到了哲学家们的重视，整个德国古典哲学在康德的引领下全面而深入地探讨自我意识的结构、功能和作用，不断确立知识和理性"界限"，建立起了一个关于知识真理的完整形而上学体系。

3.1.5 先验自我的主体限度与主观局限

康德把自我意识提升到了先验层面，第一次为主体性赋予了先验的能动性，使"自我意识"理论成了德国古典哲学的一个核心范畴，但在康德哲学中，先验自我作为主体的知性先天自发性，不可避免地具有主观局限。

第一，康德的先验自我具有主观性。康德的先验自我主要是指对经验表象实现认识的先天认识形式和先验统觉能力，只能形成对经验表象有效的认识，是一种先验的知性统觉依靠范畴所实现的认识。在康德哲学中，"范畴"是具有有效范围的，知性范畴本身只是空无内容的先天形式，其所实现的认识内容来源于感性所提供的现象，先验自我要形成知识，就表示其统筹能力和知性范畴要对认识对象有效，也就是先验自我要在经验表象范围内起作用，而具体经验世界（表象）的规定并不能进入绝对总体（自在之物）的规定，所以康德所实现的认识与"物自体"无关，现象底下的真正客体并不是康德认识论中的对象，只是引起感觉的对象。简单地说，对于康德来说，认识的对象只是经由范畴整理过的感性直观被动接收来的经验表象。所以，范畴一方面创造了经验对象，而另一方面从属于先验自我是认识的形式；那么，显然康德哲学中的"客观性"不是指主体能真正认识客观世界，而是指认识与"先验自我"的关系，指主体能进行先天综合判断，因此康德哲学中的"客观性"仍旧是一种主观中的客观。虽然，康德把客观性与普遍必然性等同起来，但是他的"普遍性"与"必然性"仍旧都是由先验自我赋予的。

第二，先验自我的主观局限造成了思维和存在有限度的"先验"统一。在知识形成的过程中，由于先验自我的感性认识形式"时空"无法对物自体形成直观，只能被动地接受客体杂多的表象作为认识的质料，因此物自体就被排除在了先验自我的知性认识之外。所以，康德完成的并不是真正意义上的主客观的统一。先验自我成了现象界的客观根据，这种"客观"只是主体中的"客观"，因此它依旧无法摆脱主观独断的困境。先验自我无法论证其来源，康德自己也意识到了这个问题，他坦率地说："我以我的概念及其统一性置换了那些应归于作为客体的我自己的属性，并把人们本来想要知道的东西当作了前提。"[①] 由于康德预设了自我的先验性，并把形式逻辑中的判断分类表的框架改进后从形式逻辑搬到了先验自我中，成了知性范畴表，主观地认定先验自我具有综合统一的能力；而形式逻辑无法对理性形成认识，"先验图型"只对感性和知性有效，造成了主体不能认识"物自体"。因此，先验自我形成的是关于事物表象的知识，康德只是完成了思维与存在在现象界中的统一。

---

① 康德. 纯粹理性批判［M］. 邓晓芒，译. 北京：人民出版社，2004：322.

第三，康德先验自我的局限，形成了"二元论"哲学。康德将客观一分为二，提出现象界是我们认识的质料，物自体不是。认识活动只能部分反映出自我的本质，也即是先验自我除了认识的能动性之外，还具有实践的自由能动性，能在道德领域发挥作用，而自我的本质更需要实践部分的先验自我来体现，这两个能动性（自我）不能同时作用于同一个领域，只能在属于自己的领域内起作用。康德提出："由道德法则所成立的作为自由的原因和由自然法则所成立的作为自然机械作用的因果性，除非将前者视为是人的存在本体，存于纯粹意识中，将后者视为是现象，存于经验意识中，则二者绝不能共存于同一主体（即人）内，否则理性不免自相矛盾。"① 也就是说，先验自我是对于经验现象认识有效的、作为经验意识中的存在；而实践自我是对理性自由有效的、作为纯粹意识中、人本体的存在。康德的先验自我只能用于"必然领域"；而实践自我要实现"至善"和道德自由，它们无法"越界"，因此康德哲学也被看作"二元论"。

虽然康德的先验自我是一种主观主义，有一定的主观局限，但他却使"我"摆脱了经验立场中作为精神实体存在的尴尬，进而引导了德国古典哲学前进的方向，黑格尔曾评价康德，这种通过自我思维的能动性建立起杂多材料的统一性的思想是"一个伟大的意识，一个重要的知识"②。可以说，德国古典哲学正是沿着康德所开辟的道路才得以走向辉煌。而为了正面康德"先验自我"与"物自体"之间的鸿沟、真正实现自由的原则、解决实体与主体相互割裂的矛盾，费希特哲学将先验提升到主体之中最高的绝对。

---

① 康德. 实践理性批判［M］. 关文运，译. 南宁：广西师范大学出版社，2002：4.
② 黑格尔. 哲学史讲演录（第四卷）［M］. 贺麟，译. 北京：商务印书馆，1978：268.

3.2　费希特知识学中"行动"的绝对自我

哈贝马斯曾说:"费希特的知识学是以反思哲学的困境为开端的"①,费希特对康德的先验自我进行了改造,对自我意识的结构重新进行了审视,他把康德认为人类理性所不能实现的"智性直观"作为了自我意识的能动性,整合了康德自我意识的认识能动性和自由能动性,将康德知性的单纯认识的活动与实践的自由的创造活动合为一体,② 彻底排除了经验对于自我意识的影响,提出了具有纯粹先验性、强调自我本原行动的"绝对自我",克服了康德由于先验自我而形成的二元论,建构了一个完整的主观唯心主义知识学体系。

3.2.1　自我意识由"先验"向"绝对"的推进

康德哲学之所以无法实现对物自体本身的认识,在于康德的先验自我是主体认知思维的一种机能,是一种空乏的、使一切思维得以可能的先验形式;因此康德把经验事物的杂多表象作为了认识的资料,使自我与物自体割裂在了两个不同的领域中,进而康德只是为科学知识何以可能提供了依据,理性却有着不可逾越的认知界限,而费希特提出要为全部知识找到根据。

费希特在其《全部知识学的基础》的第三段指明,意识是"把握

---

①　Jürgen Habermas. Nachmetaphysisches Denken [M]. Frankfurt:Suhrkamp Verlag, 1992:209.
②　邓晓芒. 康德的"智性直观"探微 [J]. 文史哲, 2006 (1):119-125.

所有现实的"依据,"知识学实际上是一部意识发生史"①。费希特的"自我意识"与康德的先验自我不同也与赖因霍尔德的经验意识不同,他提出哲学不应建立在一个原初的事实上,而是应建立在一个原初行动上。② 费希特是在继承的基础上推进了康德批判哲学的发展,康德的自我意识活动在费希特看来,无论综合能力,还是想象能力,都还是对于经验形成的活动,还不能成为纯粹的形而上学自我意识的活动。在费希特看来,自我意识的先验活动或纯粹反思活动是一种自我意识的本原活动,"活动"才是自我意识的真正本质,从它出发才能建构真正意义的形而上学,费希特把他的第一条知识学原理中的作为绝对主体的"A",看作具有理性反思能力的绝对的设定活动"我是",指的就是自我意识的绝对的"活动"。这个活动过程从"绝对自我"出发,又复归到"绝对自我"中去,费希特指出:"你的内在活动指向自身之外的某个东西(指向思维客体),同时返回自身,指向自身。然而按照以上所述,返回自身的活动给我们产生的是自我。"③ 也就是主观东西和客观东西不是全然分离,而是浑然一体的。可见他改变了康德对于先验自我的考察方式,将"自我意识"作为绝对主体的原始行动,更加"活动化"和形而上学化,作为纯粹精神的统一体来考察。"绝对自我"是费希特整个知识学的绝对主体:既是规定结果的主体,又是规定行为过程的主体,可以看作是绝对的、能动的纯粹精神。

费希特认为,关于形而上体系哲学描述的同时也应提出其所依据的

---

① 费希特. 全部知识学的基础 [M]. 王玖兴,译. 北京:商务出版社,1986:Ⅳ.
② 费希特. 费希特著作选集(第二卷)[M]. 梁志学,编译. 北京:商务印书馆,1994:700.
③ 费希特. 费希特著作选集(第二卷)[M]. 梁志学,编译. 北京:商务印书馆,1994:759.

真正基本事实,他指出自我意识主体结构才是更为根本的用以描述体系哲学的事实依据,也就是形成认识之前不应将客体一分为二而是要深入探讨自我的结构。康德的"先验"是基于经验的反思,因此自我意识的直观活动只能在感性中进行,而不能将创造力直接作用于物自体,物自体就成了康德哲学中的先验自我无法认识的对象。而费希特的"绝对自我"就是要把这种先验自我的反思推进为"纯粹反思",使主体的直观活动进入知性,进而弥合康德先验哲学的二分结构。费希特指出:"自我应当设定自己为正在进行直观的。因为除了自我赋予自己的那种东西外,任何东西都不会从外面加之于自我。"[1] 绝对自我具有这种能动性,能进行纯粹的直观,也就是康德哲学中人类理性所不能实现的"智性直观"成了费希特哲学中自我意识的能动性,康德自我意识相割裂的认识能动性和自由能动性、康德知性的认识活动与实践自由的创造活动在费希特哲学中合二为一了,费希特提出:"自我的直观能力最明显地体现在想象力的创造直观对象的活动上,这种能动的直观真正成了感性直观的'原型'"[2],乃至费希特否定了物自体的存在,认为一切超验的东西和经验事物一样都产生于自我,探讨思维与存在(我思与我在)的关系问题是因为对自我理解的误区,他说:"上述问题所以可能发生,是由于在作为主体的自我与作为绝对主体的反思的客体的自我之间有了混淆,问题本是完全不成立的。"[3] 他强调,人们不可能离开意识去探讨存在,就如同当思考自我是什么的时候,考虑的就已经不是纯粹的"我在"的问题了,因为人已经"把绝对主体当作那个机制的

---

[1] 费希特. 费希特著作选集(第一卷)[M]. 梁志学,编译. 北京:商务印书馆,1990:646.
[2] 邓晓芒. 康德的"智性直观"探微[J]. 文史哲,2006(1):119-125.
[3] 费希特. 费希特文集(第一卷)[M]. 梁志学,编译. 北京:商务印书馆,2014:506.

直观者一起考虑进去了"①、"把他自以为已经抽掉的那个东西考虑进去了"②。费希特将所有主观的东西和客观的东西都囊括在了"绝对自我"中；当"绝对自我"成为"纯粹的"自我意识就已经完全摆脱了作为"经验的"自然存在物的自我，成了自然界和其规律的创造者。

可见，费希特的"绝对自我"是比康德的"先验自我"更加纯粹的、绝对的、先验活动。费希特的绝对自我本原行动就是纯精神的自我意识活动，他突破了康德对于先验自我的"理性"界限，使经验表象和物自体等所有的事物都包含在了意识中，给予了人本质理性的"绝对化"，进而把康德的"二元论"自我学说发展为了"一元论"自我学说。

3.2.2 "绝对自我"与知识学的最高原理

费希特将自己的哲学体系称为"Wissenschaftslehre"，通常在中译本中被译作"知识学"。费希特知识学的提出，就是要为一切知识提供一个规定原理，找到一个在经验科学之外最为根本的、不证自明的、绝对可靠的基础。费希特将认识的对象也包含在了作为认识主体的绝对自我之中，用意识打造了整个世界，绝对自我即创造了认识的对象也创造了认识的主体和实践的主体，是整个知识学的基础，因此在费希特看来，"绝对自我"运动的三条原理便也是知识学的原理，知识学有了这三条原理就再不需要别的什么了。

费希特从形式逻辑的同一律命题出发，从"A = A"展开反思，得到了"自我设定自我"这条原理，这是他知识学的第一个原理，也是

---

① 费希特. 费希特文集（第一卷）[M]. 梁志学, 编译. 北京：商务印书馆, 2014：507.
② 费希特. 费希特文集（第一卷）[M]. 梁志学, 编译. 北京：商务印书馆, 2014：507.

一条绝对无条件的原理。"A＝A"有着无条件的绝对性,而这个命题绝对成立的话就必然是在自我意识之中,即"A＝A"是自我按照必然联系所进行的判断活动,且只能由自己提供给自己,表示"自我设定自我"。费希特的"设定"强调"自我"本身就具有能动性,是自我意识具有的一种原始活动,能将认识主体与认识客体同一起来,也就是"主体我"与"客体我"是同一个东西;这是人类一切认识活动的根据。费希特提出只有"我＝我"才是永久有效的"绝对"命题,是由于这个命题本身具有形式与内容的双重有效性。若没有自我意识中的"设定"活动,"A＝A"则没有内容,A虽然可以设定任何事物,但只有A设定的是A,才具有内容和形式上的一致性,主词A已被设定为是自我,那么只有谓词也是自我才能实现完全的内容一致。当已被设定的绝对主体自我在被设定的谓词自我进行反思时,恰意识到并确立了自我,其就是同一的东西。进而,"自我设定自我"也指"自我设定自我的存在"。"绝对自我"成了获得知识的根据。

费希特从形式逻辑的矛盾律出发,从 -A≠A 进行反思,得到了"自我设定非我"这第二个原理。正题"自我设定自我"在形式和内容上都是绝对的、无条件的;而反题中的非我,从内容上来说,要以自我为条件,因为它是被设定的对象;而形式上与正题没区别,都是由自我出发进行设定,自我是无条件存在的本原行动。所以,"自我设定非我"这个命题在形式上无条件、在内容上有条件。简单地说,自我如果进行活动就需要在反设定中展开对设定了的"自我"的"对设"——"非我",这种"反设定"是自我实现活动的前提,也是一种绝对的无条件活动,伴随"自我设定自我"同时产生。非我指的是与主体自我设定的自我存在相对立的存在,可以看作对象出现在自我意识中的客观世界，它是对自我的否定和限制。我们可以认为，反题中的"对立"是在自我自身中被设定的，也就是肯定性和否定性都生成于绝对主体之中。由此，费希特用"非我"消解了康德的物自体，把一切存在都放置在了自我的意识之中。

"自我和非我的统一"是费希特根据充足理由律得到的第三个原理，即自我在自身中设定了自我和非我的统一。反题是非我与自我对立了，合题则又回到了自我本身。合题在形式上是有条件的，必须通过正题和反题才能发现；在内容上是无条件的，因为合题最后所形成的自我是绝对自我，是无条件的自我。在这个"正、反、合"的运动过程中，费希特第一个原理中的自我进行绝对设定的行动，是一种直观过程；在第二原理中进行的是一种反思过程，陷入到了自我与非我的对立里；而在第三个原理中则进行的是反思综合的过程，从对立中回到了自我，并同非我综合成为"绝对自我"。在正题和反题中，绝对主体通过设定自我对非我的对立而具有了能动性，在合题中"绝对自我"在意识的同一性中统摄了其在自身中所设定的"自我"和"非我"，使它们由对立走向了统一。费希特通过这三条原理，将康德的二分自我和分裂的自我能动性"综合"在了一起，使自我意识具有了知性的反思能力。由此，绝对自我的综合活动中包含了自我的主观与非我的客观，绝对自我就成了主观与客观的统一体，即绝对主体。

"批判哲学的本质，就在于它建立了一个绝对无条件的和不能由任何更高的东西规定的绝对自我。"① 费希特把"绝对自我"作为最高知识学原理，人类所有的活动都是在知识学的这三条原理内完成的。费希特用"绝对自我"将康德哲学中因"先验自我"分裂而存的认识能动

---

① 费希特. 全部知识学的基础[M]. 王玖兴，译. 北京：商务印书馆，1986：37.

性和自由能动性整合在了一起，彻底释放了人的主观能动性。

3.2.3 以"绝对自我"为根据的知识学体系建构

费希特认为哲学如果成为一门科学必须具备以下两点：一是，要有一个确实可靠的第一原理，作为一切确定性的基础。二是，要由许多命题构成，而这些命题必须按照严格的推论形成一个完整的体系。由此费希特从"绝对自我"出发推演出了一切，建立起了自己的知识学体系，而不是像康德一样在实现认识之前先进行了列举范畴的工作。

费希特将形式逻辑的同一律、矛盾律和充足理由律作为他知识学体系中思想的推理形式，直接从"绝对自我"的运动结构中推演出知识学的范畴，并作为了绝对自我思辨运动、实现认识和实践的必然环节。费希特把知识学原理中的第一条称为"同一性原理"，表明了自我应当与自身相同，自我就是不可分割的意识的统一，"同一性原理"就是形式逻辑中的"同一律"的基础；表明了自我的唯一"实在性"（范畴）。第二条原理费希特称其为"反设原理"，"表明与绝对自我对立的非我是绝对的虚无"①，这条原理就是"矛盾律"的基础；"非我与自我对立""非我限制自我"正体现了范畴表中的"否定性"。第三条原理是"根据原理"，是形式逻辑"充足理由律"的基础；"自我本质上就是全部活动，非我的受动是由自我让渡给它的。……自我受非我活动所规定，实际上是间接地受自己活动所规定。这样，自我的活动总量不变，所以它是绝对的无限的活动；而当它将部分活动让渡给非我时，它就在量上不完全了，因此，它又是有限的活动"②。体现了范畴表中的

---

① 杨祖陶.德国古典哲学的逻辑进程［M］.武汉：武汉大学出版社，2003：139.
② 费希特.全部知识学的基础［M］.王玖兴，译.北京：商务印书馆，2016：9.

"限制性"。显然"限制性"正是"实在性"与"否定性"的统一，费希特强调"处理每一个命题时，我们都必须从指出那应该被统一起来的对立面出发"①。费希特关于矛盾、对立、统一规律的辩证法思想，构成了他的知识学体系，同时也成了德国古典哲学中人类理性发展的重要环节。

在费希特哲学中，理论知识学与实践知识学的出发点一样，都是绝对自我的本原行动：自我在理论活动中不能离开非我而实现自身；自我在实践活动中可以克服非我阻力返回自身；绝对自我统摄着自我与非我，实现自我与非我的统一，确保了费希特知识学体系的建立。当自我受到非我限制的时候，体现了"自我设定自己是被非我所规定的"②，这是理论知识学所研究的方向，构建了费希特的理论知识学。费希特在理论知识中所应用的基本原理来源于康德，即依靠先验自我的最高综合原理，用范畴建立一个对象。但是他去掉了康德的自在之物，他指出包括感觉、知觉和印象，这些都不是自在之物刺激人的感官产生的，而是自我意识本身建立起的非我限定自我而产生的。理论知识的基础就是，自我用非我限制自己，设定自我的被动性，使其主动性发挥作用，进而认识自我。而要实现对一个对象的认识，自我首先要建立一个非我的对象，使自我受到它的限制，因为能动性要靠阻力来表达；而认识的对象虽然也是由自我设定起来的，但它对自我也有限制，因为理论知识要求我们对对象进行客观地考察，进而实现认识，所以自我不能进行随心所欲的设定。

实践知识学与理论知识学最大的不同在于实践知识学更突出主体的

---

① 费希特.全部知识学的基础[M].王玖兴,译.北京：商务印书馆,1986：32.
② 费希特.费希特著作选集（第一卷）[M].梁志学,译.北京：商务印书馆,1997：664.

能动性。当自我克服非我阻力的时候，体现了"自我设定自己是规定非我的"①，这是实践知识学研究的方向，建构了费希特的实践知识学。在实践知识学中，意志的自发性凭借自我的"努力"与客体活动建立起联系，进而实现对于无限的认识。"努力"可以看作是主体认识无限的"内在驱动力"，是一种不具有"因果性"、伴随非我限制而产生的"自我"的能力，能使自我进行"客观活动"，"这种无限的努力向无限冲去，是一切客体之所以可能的条件，没有努力，就没有客体"②。"努力"使自我能冲破非我的阻碍，超出非我界限去进行规定，此时自我所规定的客体必然就不是受非我限制的现实世界，而是一个由自我创造的理性世界；且自我能在这种创造活动中冲破非我的限制，改造自我、完善自我；冲破有限自我，达到无限自我；最终实现主体与客体的统一，成为绝对自我。显然费希特与康德一样更加注重实践理性的能力，费希特更加强调绝对自我在实践中的行动力。

费希特主张，理论知识学中的认识冲动，指向认识，除了使表象完全符合物就再没有别的功劳了；在实践知识学中，冲动并不满足物的性状，它指向人的道德的意志自由和审美所带来的感觉，指向人之内存在的东西，所以道德的发展的依据就在自身之内，而不是在主体以外的什么东西之上，道德就是人意志活动所做出的自由选择，要依靠克服非我才能实现。于是，追求绝对自我的理性，不是信仰上帝或神，而是相信人自己就是自己的救世主，相信依靠自己的力量可以创造和改变世界。不论是道德实践还是审美实践，人的价值就在于为了自由而行动、实现人的本质。我们的生活从经验出发，可以通过道德和审美，走向精神；

---

① 费希特．费希特著作选集（第一卷）[M]．梁志学，译．北京：商务印书馆，1997：664．
② 费希特．费希特著作选集（第一卷）[M]．梁志学，译．北京：商务印书馆，1990：682．

审美依靠的是一种"无功利"的精神,这种崇高的精神能带来"宁静",从而能使人进行自由地欣赏,并把"借助审美冲动存在于我们之内的东西,通过愉快或不愉快表达出来"①,通过审美能力的不断培养,人不断提高自己的精神层次,最终能使人脱离感性世界的影响,通往理性,实现人之为人的自由本质。

可见,有限知识(理论自我)和无限理性(实践自我)的活动过程都是在"绝对自我"动态的"正、反、合"运动中完成的,最终也都是回归到绝对自我本身,由此费希特实现了理论知识学和实践知识学的辩证统一,使知识学体系成了一个完整的有机整体。正是费希特把理论认识和实践认识在主体中"绝对化",构建了"理论理性"和"实践理性",把主观活动与客观活动、自由与必然、有限与无限统一于绝对主体本身,"绝对自我"才能作为最高的知识学原理,整合康德哲学中分裂的体系。

3.2.4 费希特将主体性原则向主观极致的推进

如果说康德确立了先验自我认识、规范客体的原则,那么费希特则是确立了绝对自我认识、创造自身和世界的原则。费希特的绝对自我比康德的先验自我具有更纯粹的先验性,在费希特哲学中,主观的东西和客观的东西不可分割地统一在绝对自我中,"绝对自我"的运动能认识并创造一切,至此费希特将主体性原则推向了主观极致。

第一,"绝对自我"具有更加纯粹的先验性。在康德哲学中,先验自我有个缺陷,无法对于物自体形成认识;康德哲学中认识的质料来源于经验,认识的形式来源于先验自我,所使用的认识范畴直接改进了形

---

① 费希特. 费希特文集(第三卷)[M]. 梁志学,译. 北京:商务印书馆,2014:688.

式逻辑；先验自我的感性和知性共同作用形成认识，理性最终只能形成"先验幻象"，自我与物自体之间有一个难以逾越的鸿沟。费希特绝对自我的提出，就是要弥补自我与物自体的分裂，建构一个完整一体的知识学体系。费希特认为，"形式与质料并不是两块异质的东西，全部的形式性就是质料"①，在绝对自我中主观和客观的一切是不可分割的，物自体和经验表象对于费希特来说是没有区别的，都只是作用于自我的"外来的刺激"。绝对自我强调的是一种自我所具有的原始的、无条件的行动能力，它不是实存的东西，而是一种意识活动，不受其他外在东西的规定，它本身就是第一性的，是一种必然性活动，能通过"自我设定自我"，"自我设定非我"，"自我与非我的统一"这种动态运动形成自己的认识范畴，进而实现对于自我与非我认识的同时改造自我和世界。

第二，费希特整合了康德的理论领域和实践领域，实现了思维与存在的统一。费希特取消了康德哲学中的"物自体"，把所有一切都囊括在了"绝对自我"之中，进而扩大了"自我"的认识范围，将人的主观能力达到了"绝对化"。他指出："凡是我所知道的，都是我的意识本身。任何意识不是直接的，便是间接的。第一种意识是自身意识，第二种意识则是关于非我的东西的意识。"② 显然"存在"已然包含在了"思维"之中，"思维与存在的关系问题"在费希特哲学中是不存在的，因为在主体认识过程中必然要依靠主体主观意识的参与，"绝对自我"已然包含了主观的东西（自我）和客观的东西（非我）。绝对自我实现对于"自我"认识的同时也克服非我的限制，实现创造非我和世界，

---

① 费希特. 十八世纪末—十九世纪初德国哲学 [M]. 北京：商务印书馆，1975：202.
② 费希特. 人的使命 [M]. 梁志学，沈真，译. 北京：商务印书馆，1982：74-75.

可以认为费希特是用绝对自我代替了"上帝创世"。在绝对自我实现内部动态统一的过程中，其同时在认识、道德和审美领域中起作用；进而在完成对客体对象认识的同时也完成对于人类精神的改造，实现了精神自由。由此，绝对自我统一了主体和客体、统一了思维与存在、统一了有限与无限。

第三，费希特实现了道德主体的绝对化，上帝由康德哲学中的"伦理公设"被视为了"道德信仰本身"。康德把上帝和自由放置于以实践自我为基础的伦理领域中，才使得自由意志克服必然，使人实现了自由。费希特认为康德的理性自由，只是一种形式上的自由。在费希特哲学中，人的意志活动，不仅具有形式上的自由（决断能力），还具有内容上的自由（选择能力）。由此，费希特提出，道德作为意志活动的善良选择也是一种自由选择，表现出人类的理性力量。从形式上看，他所要强调的是自我的自由本性，他提出："谁想把自己培养成为有道德的，谁就必须把自己培养为有独立性的。"[1] 从内容上看，自由与自我"推迟满足自然冲动的能力"[2] 相关，自我具有反思自然冲动的能力，能在"许多可能满足中进行选择"[3]，所以自由是与自我反思能力相关的、是人类理性发展水平的彰显。由此，自我具有的道德感不是任何别的东西给予的，都是来自自我内部的自由选择，来自绝对自我的本质力量；绝对自我对于理性的认识不是对于上帝和无限的认识，而是对于自我自由本性的认识。费希特把道德原则的两个规定概括为，"你要按照你的良心去行动"[4]，而良心在理智中是绝不会出错的，因为它是"对

---

[1] 费希特. 伦理学体系 [M]. 梁志学, 李理, 译. 北京：商务印书馆，2010：185.
[2] 费希特. 伦理学体系 [M]. 梁志学, 李理, 译. 北京：商务印书馆，2007：175.
[3] 费希特. 伦理学体系 [M]. 梁志学, 李理, 译. 北京：商务印书馆，2007：175.
[4] 费希特. 伦理学体系 [M]. 梁志学, 李理, 译. 北京：商务印书馆，2010：154.

我们的纯粹原始自我的直接意识"①,是绝对的、纯粹的存在。所以,上帝在费希特哲学中,被看作是道德的"天启",是一种信仰目标,也是绝对的、先验的、纯粹存在;而宗教,则是为了促进其他人发展道德感的设施。

费希特以绝对自我设定并统摄了一切,建立起了自己的知识学体系,整合了康德分裂的静态体系,使之成了一个动态的完整有机体,以此克服了康德哲学的"二元论"缺陷。费希特使"自我"由先验走向了绝对,他推进了主体性原则的主观维度,从而实现了主观中的思维与存在的统一、绝对自我中的主体与客体的统一。"绝对自我"体现了费希特强调"人是人",自我具有自由本质,能改造自我和世界的思想,促进了人类理性的发展。

3.2.5 唯我论的绝对化与知识客观性的缺失

虽然费希特的"绝对自我"解决了康德哲学的"二元论"和物自体不可知的问题,但他的知识学原理从设定的开始就具有独断和矛盾。首先,绝对自我包含了自我与非我的所有一切,能设定和创造世界,显然这是一种主观主义的独断。其次,他的知识学也并未达到真正超验的绝对知识学,绝对自我极致的主观性造成了费希特知识学体系客观性的缺失。

第一,费希特"绝对自我"的"唯我论"体现。康德认为,人不具备知性直观的能力,只能进行感性直观,所以"先验"是基于经验的先验考察,仍然受经验的限制。费希特不同意康德的观点,认为知性的、关于事物本质的"直观"并不是人类理性不能进行的活动,他在

---

① 费希特. 伦理学体系 [M]. 梁志学,李理,译. 北京:商务印书馆,2010:154.

康德《纯粹理性批判》先验演绎的基础上重新对自我意识的结构进行了探讨，认为自我意识可以进行理性纯粹反思，但费希特的这种反思仍旧没有达到超验的理性层面，只是在知性层面进行的。费希特的绝对自我本身就已经"预设"为了既是主体又是客体的存在，他说："凡是在我里面的东西，我是知道的；这就是纯粹的、抽象的知识，这就是自我本身。"① 可见，自我和非我都是按照费希特的知识学原理基于绝对主体的设定而来，也就是费希特哲学中的主体存在、主体行动的准则、交互主体性（理论自我与实践自我的交互关系），都是由"自我"推演而来的，因此，费希特的知识学原理只能是一种主观的活动，是根据自我所设定的法则在做判断，其所实现的对于非我和自我的确立、认识和统一都只不过是主观的"唯我论"产物。

第二，费希特实现的是主观中的思维与存在的统一。费希特虽然取消了康德的物自体，用"绝对自我"弥补了康德先验自我与实践自我的鸿沟，使主观能够认识并创造客观，统一了思维与存在。但是这种"统一"是在"绝对自我"理论的基础上，用自我和非我的相互作用得到的综合统一，并不是真正意义上的主观思维和客观存在的统一。简单地说，这只是纯粹主体活动和与主体创造出的客体活动在自我意识的作用下的、由自我本原行动所"预设"的、在绝对自我中的统一。费希特将感性世界纳入绝对自我中时，感性世界就成了由绝对自我所设定出来的世界，其自身的独立性就消失了，不能被看作是真正的存在。而当自我没有真正得到无限制的自由时，就意味它受到非我的限制；当非我仅仅是自我设定的产物时，它也不能说是真正的存在。所以在费希特的体系中，感性世界（自然）是一个尴尬的存在，谢林的自然哲学则是

---

① 黑格尔. 哲学史讲演录（第四卷）[M]. 贺麟, 译. 北京：商务印书馆, 1978：313-314.

对费希特绝对自我学说的反驳成果。客观世界的主观化,造成了费希特哲学中思维与存在统一只能发生在绝对自我中,终究是一个假象。

第三,费希特把"上帝"包含在了"绝对自我"中。在费希特哲学中,"上帝"从理性领域落到了尘世中,费希特并不是把人上升到了超验理性层面上直面上帝,而是用绝对自我包含了"上帝",偷换了上帝的概念和位置。在实践知识学中,费希特把绝对自我作为了上帝,绝对自我能改造自我和世界、创造非我和世界,从而使有限的人达到无限;在道德领域,"上帝"成了"道德信仰本身",这种思想与康德哲学的结构是相似的,不同的是,上帝在康德哲学中是实践需要,而在费希特哲学中是信仰目标,是"精神的和理智的存在者",目的是实现对人类的启示。也就是上帝从一个道德公设的对象变成了信仰的对象。而当上帝成了人类道德的追求,被当作是一个终极目标时,显然就不是认识的对象而是道德的"天启"了。所以,费希特知识学中,实现的所谓的对于无限的认识并不是真正获得关于理性对象的知识,而是费希特把"无限理性"包含在了绝对自我之中,实现了"绝对自我创世"。在费希特哲学中,人们对于道德的追求也不可能真正地实现,因为道德只是纯粹的先验活动。

在我看来,费希特是结合了莱布尼茨和康德关于"我思"的思想,费希特继承了康德把"我思"作为先验能力的设定,并作为其理论体系的基础;同时他接受了莱布尼茨的"单子论"思想,为"我思"注入了动力因,使其具有创造力,进而把人的主体性原则推向了主观极致,世界的一切都由"我思"产生。显然,这与知识的本性发生了背离,费希特最大的问题就是把主观和客观都囊括在了绝对自我之中。问题存在的根本原因是费希特和康德一样仅仅局限在主体之中来解决

"思维与存在的关系"问题，因此，哲学的首要任务是必须突破"唯我论"的理论视域，将主观主义的"绝对自我"引向"超验"的真正绝对，在超越主观与客观的知识学的立场上，重新探讨"思维与存在的关系"问题，真正使人的理性走向"绝对"，而这个任务是由谢林完成的。

3.3 谢林同一哲学中的先验自我

与费希特相同，谢林也是把知识建立在了"自我"的基础之上，但在谢林看来，费希特虽然说他的自我是绝对的，但实际上，他所说的"自我"是受非我限制的、相对的、有条件的自我。先刚老师对此有过清楚的解释，他指出费希特的绝对自我中包含着的自我设定的那个自我与自我所设定的那个非我都是相对的，且它们相互对立；这就意味着绝对自我本身就不是绝对的、且内部具有矛盾性。也就是说，费希特的"绝对自我"内部本就有着主客观的二分和统一关系（自我与非我的设定、阻碍和统一关系），所以不足以作为哲学的最高原则。① 进而谢林提出，绝对的本原应该是超越自我与非我之上的"绝对同一"，他从存在论立场转向了知识论立场，建立了新的知识学体系——"同一哲学"。

3.3.1 由主观存在论向知识论立场的哲学转向

谢林认为，哲学的出发点和最高原则不是康德的"先验自我"，也

---

① 先刚. 试析早期谢林与费希特的"绝对自我"观的差异 [J]. 云南大学学报（社会科学版），2019，18 (4)：5-12.

不是费希特的"绝对自我"。他说:"这里我们谈的根本不是存在的一个绝对原理,而是知识的一个绝对原理"①,如果把知识理解为主观存在,不管是经验中的存在还是活动中的存在,都是独断,因为知识的来源问题无法解释,因此要从知识的特性出发。

  谢林认为,康德哲学中悬置不可知领域,费希特哲学中设定自我的能动性,都只是治标不治本的方法,只有跳出存在论立场,转向知识论,利用知识本身具有的主客观一致的特点,重新建构一个新的、超越主客观存在的、先验的形而上学体系,才能彻底解决费希特与康德同样面临的知识主观性问题,从根本上克服康德和费希特哲学的缺陷。谢林在《先验唯心论体系》中说:"一切知识都是以客观东西和主观东西的一致为基础……我们知识中单纯客观东西的总体,我们可以称之为自然;反之,所有主观的东西的总体则叫作自我或者理智。"② 因此,知识产生的路径只有两条:一是从客观出发,从客观存在得到主观知识,这正是自然科学知识所产生的路径;二是从主观出发,从主观的自我意识中得到客观的知识,这是先验哲学所走的路径。在谢林看来,哲学本身是自然与精神向对方发展的双向过程,谢林的知识学体系要包含自然哲学和先验哲学,对所有知识适用。他的知识学(哲学)就是研究自然哲学(无意识的自然)与先验哲学(有意识的自我)的"会合活动"。由于知识是主客观的一致,是有意识东西与无意识东西的会合,所以他一方面确定了"绝对同一"是一切知识的最高原理;另一方面确立了其知识学体系的结构,即以"绝对同一"为对象的知识学统摄着自然哲学和先验哲学。自然哲学从客观的东西出发,把自然规律精神

---

① 谢林. 先验唯心论体系 [M]. 梁志学,石泉,译. 北京:商务印书馆,2016:20.
② 谢林. 先验唯心论体系 [M]. 梁志学,石泉,译. 北京:商务印书馆,2016:6.

化为理智规律；先验哲学从主观的东西出发，把理智规律物质化为自然规律作用于自然实体，自然哲学从无意识的"绝对同一"出发发展到先验哲学的有意识，最终回到"绝对同一"中去。所以，完整的陈述客观和主观、自然和理智，单靠自然哲学或者先验哲学都是不行的，必须是两者结合的"同一哲学"。由此谢林提出，哲学的最高原则是超越自我与非我、主体与客体之上的"绝对"[①]，谢林的先验哲学则成了以"绝对"为对象的知识论形而上学。显然，谢林的哲学不再是存在论立场而是知识论立场。

对于自我先验结构的由来问题，康德悬设了，并没有任何解释，因为解决之道只有一条，即走向神学。而费希特使主体走向极致，从先验自我发展到绝对自我，达到上帝造物的高度，以致无法使主体性地位再有任何向前发展的可能。无论是康德的"先验自我"还是费希特的"绝对自我"，都是预先设定了的主体中的主观样态的存在，而对于任何"存在"溯其根本的时候，都难免陷入"先验预设"的魔咒，也就是先验自我和绝对自我当溯其来源时都逃不开"独断"。康德和费希特都是从主体中建构他们各自的先验哲学体系，其必然导致知识内容本身客观性的缺失。显然，如何将客观性融入自我意识中而不是让客观存在只依附于主观，使"知识学"真正成为一切知识的客观性依据，不再受"怀疑"，成了谢林要面对的哲学任务。谢林一方面接受康德的思想，创立了自然哲学，把辩证法的思想用于自然界；另一方面把费希特的"绝对自我"客观化，扩充为统摄自然界的客观精神。世界在谢林看来是一个能动发展的复杂的有机体，人是自然完善发展的产物，是一

---

① 西方哲学史编写组. 西方哲学史 [M]. 北京：高等教育出版社，人民出版社，2012：368.

个高层级次的有机体，人的精神就是其中的"最高级次"；自然界和精神在谢林哲学中是同一的，对自然的思考同时表征着对人自身生命的思考。自然科学是"绝对"在自然界中的演绎；先验哲学则是"绝对"在人类自我意识中的演绎。进而在主观认识客观自然的活动中，随着认识的不断深入，最终从自我意识中引出"绝对"的全部客观内容。也就是说，在无意识向有意识进展（自然规律精神化为直观或思维）、有意识向无意识进展（理智构造自然）的过程中，自我意识也同样既具有主观性又具有客观内容。因此自我意识一方面能进入观念序列，成为主观性的东西；一方面能进入现实序列，成为客观性的东西。

谢林的知识学完成了从主观存在论立场向知识论立场的转变，其知识学体系论证了自然与精神在"绝对理性"中的同一性，进而"思维与存在的关系"由仅能在"先验"中实现统一进展到在绝对统摄下的主体自我与客观自然的同一。至此，"自我意识"成了具有客观内容的主观精神。

3.3.2 "绝对同一"与最高知识学原理的确立

谢林与康德、费希特一样都是承认先验自我的存在，但先验自我的内容在谢林哲学中却是指向了主体和客体同一的绝对本身，这是与康德和费希特完全不同的知识论立场。康德哲学中无法弥合的自我与物自体的对立，费希特哲学中的自我与非我的对立，在谢林哲学中就成了同一个内容（绝对）下面的两个对立（自然与自我），是"同一中的对立"。

在谢林看来，绝对理性的最高规律就是同一律——"$A=A$"。它是"绝对同一"的存在形式，也是知识活动的方式。"$A=A$"既表达出了作为本质的绝对同一性自身，也表达出了绝对同一性的存在。但这还不是全部，因为"A=A"同时也表达出了一种认识活动、是一种综合活动，即绝对同一性通过自身而认识它自己。"A=A"意味着绝对同一性自己认识自己，即绝对同一性的自我认识，而由于认识活动必须区分认识者（主体）和被认识者（客体），所以这必然意味着绝对同一性同时把自己设定为主体和客体这两个东西。但是这个区分并不是"就本质而言"，而仅仅是"就存在的形式而言"。换言之，认识者和被认识者在本质上仍然是同一个东西。"A=A"强调的是知识的内容，是"绝对=绝对"。也就是我们要把主客体不分彼此地结合在一起、封闭在绝对理性之中，使它们既不是彼此又"绝对无差别"，才能实现对象与表象的一致，进而得到知识。也就是，当我们把客观实在的东西作为第一位的东西时就会不可避免地陷入无休止的追溯，不仅会不停追问"鸡生蛋还是蛋生鸡"的问题，以至于陷入某种"独断"；而且无法进行真正意义上的"直观"，以至于造成主体二分。所以，知识学就要把一个既是原因又是结果的东西作为第一位的东西。谢林认为，唯一实在的东西只存在于既是原因又是结果的"绝对"之中，也就是自然哲学和先验哲学的本原只存在于主体和客体的"绝对同一性"中。谢林指出："这种同一性我们称之为自然，而级次最高的同一性又正是自我意识"[1]，自我意识"是唯一可能的同一而综合的命题"[2]。

在谢林哲学中，自然哲学和先验哲学的内容是同一的，因此自然完全可以看作是"不可见的精神"，同样精神就成了"可见的自然"；而自我意识就是自然中的"最高级次"，所以，我们可以把自我意识看作是思维和存在最原始的同一，是形成了我们整个知识的综合，"自我意

---

[1] 谢林. 先验唯心论体系[M]. 梁志学, 石泉, 译. 北京：商务印书馆, 2016：23.
[2] 张志伟. 西方哲学十五讲[M]. 北京：北京大学出版社, 2018：342.

识并不是一种存在，而是一种知识"①，是我们所拥有的最基础同时也是最高深的知识。谢林知识学的最高原则就是思维与存在、主体与客体、无意识与有意识、观念的东西和实在的东西的"绝对同一"。"这种同一性只是在自我意识中才存在"②，自我意识既能作为表象，同时又能表象对象；既能作为直观和反思的对象，又能对对象表象进行直观和反思，也就是自我意识有着形成知识的能力，其作为"绝对同一"的理性精神，具有主客观的"原始同一性"。在谢林看来，自我意识的最大功能就是活动与创造，自我意识可以通过创造性直观把自己本身作为对象进行思维，也就是在自我意识作为思维主体的同时还能"变自己为对象""变自己为客体"。因此谢林哲学不是从经验事实的反思中探讨主观中的客观存在，而是在通过作为"级次最高的同一性"的自我意识在"直观"中得到知识。

"绝对同一"是谢林知识学的最高原则，主客的任何存在都能视为"绝对"不同程度的"变形"。自我意识作为唯一具有既是表象又能被表象这种同一性的东西，其内容在谢林知识学中也同样是"绝对"，因此自我意识既能解释主体如何认识客观规律，进而精神化为主体的直观或思维规律；又能解释客体为何能依照主体的内心变化而变化，进而实现表象世界向客观世界的过渡。

3.3.3 以"自我意识"为原则的先验唯心论体系

谢林指出，先验唯心论体系的任务就是"创造一门知识科学，即

---

① 谢林. 先验唯心论体系 [M]. 梁志学，石泉，译. 北京：商务印书馆，2016：23.
② 谢林. 先验唯心论体系 [M]. 梁志学，石泉，译. 北京：商务印书馆，2016：32.

创立一门把主观的东西变为首要的和最高东西的科学"①,而要完成知识论形而上学的建构必须遵循三个原则。一是,哲学作为最高知识学必须有自己完整的体系,并且这个体系的根据必须是先验的,否则就不可能成为最高的哲学知识。第二,知识体系必须有一个最高且唯一的原理,其余所有所获得的知识均须从它出发,并能从它那里获得主体自身正确性的来源和根据,避免"独断"。第三,作为最高的先验原理要在形式和内容上都与自身相等同,保证整个知识体系的统一,避免"二元论"。

自然哲学与先验哲学是"绝对"统摄下的具有同一内容的不同样态。谢林把自然界看作是某种生成的、具有普遍联系的有机体,把自然界的历史看作是从无意识逐渐精神化的历史,认为自然哲学是把自然自身当成自在的真实,具有"本真客观性",且具有一种"顽固化的理智"。谢林说:"一切自然科学的必然趋向是从自然出发而达于理智的东西。"② 可见,自然发展到最高就是规律化于自我意识中,规律在自然中,才是最本质的存在。自然不仅是客观的、更具有精神实质;因此我们要想真正地认识自然,必须完全去除掉现象的东西(质料),只留下规律(形式)。所以,谢林的自然与斯宾诺莎的自然有着共同的意义,但又与其"一元论"中的"未分化"的自然不同,谢林强调自然与我们的理智和意识是同一的,完善的自然理论是自然能溶化为理智,人能通过理性对其进行认识,成为人的理智。谢林哲学中没有自然或精神发展、返回绝对的辩证思想,自然哲学与先验哲学都在绝对的统摄之下,与绝对是映射的关系。因此我们可以认为,谢林哲学只是一种思辨

---

① 谢林. 先验唯心论体系 [M]. 梁志学, 石泉, 译. 北京: 商务印书馆, 2006: 21.
② 谢林. 先验唯心论体系 [M]. 梁志学, 石泉, 译. 北京: 商务印书馆, 2016: 7.

的物理学，包含了思辨内容，却还不是思辨哲学。在谢林哲学中，自然理智化和理智自然化是绝对同一活动的两种既对立又统一的"双重系列"，世界本身就是在其自身中的、精神和物质的同一。

　　谢林提出，自然哲学可以从低级发展到最高级的自我意识，进而实现与先验哲学形式和内容上的绝对同一。当自然从无意识发展到其最高级次——自我意识的时候，就实现了自然（自然哲学）与精神（先验哲学）的"会合"。谢林认为，自我意识才是唯一的绝对活动，自我以及其他一切都是由自我意识活动确立起来的，谢林赋予自我意思能动性的同时还赋予了自我意识客观的内容，自我意识的发展过程即"绝对"在自我意识中的沉淀过程，谢林指出："先验哲学无非是一种不断提高自我的级次活动，它的全部方法就是把自我从自我直观的一个阶段引导到另一个阶段，以致达到一个地方，用自我意识的自由自觉活动所包含的全部规定，把自我建立起来。"① 因此，当自我意识发展到最高阶段，将"绝对"内容全部沉淀于自身之中时，就能达到"绝对同一"，从而实现主体和客体的完全统一。在谢林哲学中明显体现出了一种发展观的思想，无论是自然哲学中还是先验哲学中都是低级向高级发展的过程，我们完全可以把人的精神看作是包含在自然有机化过程中的一个环节，那么在谢林的同一哲学中，自然哲学就是陈述从无意识到自我意识的发展，而先验哲学则是揭示了自我意识的运动发展。由于客观世界只不过"是概念的表现，最终也只能通过理智而存在"②，因此自我意识能够成为映射"绝对"内容于自身的主体之在。由此，谢林哲学就不是以任何定理为出发点，而是完全以自我的概念、以"主客统一体概念"③ 出发。

---

①　谢林. 先验唯心论体系 [M]. 梁志学, 石泉, 译. 北京: 商务印书馆, 2006: 129.
②　谢林. 先验唯心论体系 [M]. 梁志学, 石泉, 译. 北京: 商务印书馆, 2006: 208.
③　谢林. 先验唯心论体系 [M]. 梁志学, 等译. 北京: 商务印书馆, 1997: 53.

谢林完成了使主观的"自我意识"具有客观内容的论证，使自我意识脱离了存在论立场，成了既是主体又是客体、既是原因又是结果的"绝对活动"，谢林正是从知识论立场的"自我概念"本身出发，从"绝对同一"的自我意识出发，完成了自然哲学与先验哲学的同一，最终使"自我意识"客观化的知识学体系的建构成为可能。

3.3.4 谢林将主体性原则向"绝对"的推进

正如先刚老师所指出的那样，费希特在《全部知识学的基础》中从"经验意识的事实"出发，并没有真正建立绝对自我；反之，谢林的原创性体现在，他从一开始就依据概念分析而确立了自我的绝对者地位，从而真正第一次建立起关于"绝对自我"的学说。[①] "绝对自我"在费希特哲学中还没有脱离经验的形式，费希特依旧是用主观去统一（认识）客观，也就是他的"绝对"仍是一种主观的"绝对"。而谢林的"绝对同一"已经完全脱离了经验，凌驾于主客观之上，真正地推进了主体性原则向"绝对"的发展。

第一，谢林强调自我意识的原始同一性。在谢林的知识学中，先验主体与客观世界的内容是同一、同构、统一的关系。费希特的"绝对自我"是先验自我的极致发展，他把主观意识的"绝对自我"作为世界法则，作为原始行动；费希特的"绝对自我"本身就具有自我与非我相矛盾的对立，所有的一切都由自我和非我的相互对立又统一的辩证运动中产生。而谢林将"绝对"看作统摄着自然哲学和先验哲学的主客观之上的东西，"绝对"作为最高本原其内部就具有原始对立或"原

---

① 先刚. 试析早期谢林与费希特的"绝对自我"观的差异[J]. 云南大学学报（社会科学版），2019, 18（4）：5-12.

始二重性",绝对同一性在二重性的推动下,从无意识发展到自我意识就是自然哲学,从自我意识上升到绝对同一性就是先验哲学。谢林知识学中的自我意识是自然哲学发展的"最高级次",也是先验哲学的开端,是实现自然哲学与先验哲学"会合"的关键。因为谢林哲学是"绝对同一"的,所以注定了要从绝对中来,回到绝对中去;而先验哲学则由自我意识的原始同一性出发,又回归到自我的原始同一性中,当自我意识发展到最高阶段就具有了"绝对"的全部内容,实现了向"绝对同一"的回归。自我意识的原始同一性,就是其知识学体系的关键,谢林使得主观的自我意识具有了"绝对"的客观内容。

第二,谢林的知识学立场解决了"思维与存在的关系"问题。在康德和费希特哲学中,只是论证了先验自我具有普遍必然的主观形式和逻辑,康德哲学无法包含客观内容,因为他先验自我认识的是经验表象与超验的物自体不在同一个认识领域;而费希特把所有客观内容取消,认为认识的形式和内容包括范畴都是绝对自我所给予的内容。谢林才是真正从超验的理性出发,跳出了经验的束缚,达到了真正的"绝对"。谢林的知识学,不是像康德费希特那样只是在形式上包含了客观,客观内容仍旧是主观给予的;而是使主观中包含了真正的客观内容。所以,主客的二元对立、"思维与存在的关系问题"在谢林这里才有了真正得到解决的可能,之前的康德和费希特对于"思维与存在关系"的解决办法都是在主观中统一思维和存在,要么将物自体排除在"自我意识"的认识之外,要么将所有一切都囊括在"自我意识"之中,直到谢林提出知识论立场,人类思维才有了跳出了知性走向了理性的契机;谢林通过"绝对"对自然哲学与先验哲学的统摄,实现了自然哲学向先验哲学的发展;自我意识作为自然哲学的"最高级次"同时也作为先验哲学的开端发展到最高阶段就能实现"绝对同一",其本身就具有原始的主客同一性。主观思维与客观存在在"绝对"的统摄下实现了同一。

第三,谢林真正使人在认识论领域直面"无限"与上帝。谢林哲学中的"自我"冲破了康德所设的物自体限制,可以在理性领域中发挥作用,直面理念和上帝。费希特之所以不用冲破主体,是因为他把绝对自我放置在了上帝的位置上,把所有客观纳入了主观,所以费希特不用考虑自我与上帝的关系,在他看来,自我与上帝在创世功能上是一致的。而谢林的知识学体系是第一次正视了人和上帝,真正把上帝理性化了、代表了无限和理性;当主体的限制被解除,自我冲破了物自体界限,通达了宇宙、面对无限,就能真正实现对宇宙和无限的认识。谢林因为冲破了主体的限制,把先验自我的内容放置在超验的绝对中,没有了物自体界限,进而必须直面上帝。上帝,真正成了我们可以认识的理性知识。所以,我们可以认为,"杀死"上帝的不是康德,而是坚持超验的知识论的谢林。他把康德在认识论中驱赶出去的上帝,重新在知识学的视域下,作为了理性认识的对象,这是人类理性第一次在认识论领域中实现了对于"无限"的认识,获得认识自由;而不是像以往的哲学家一样依靠转换到道德视域、在自由意志的选择下实现人的自由和至善。所以,谢林认为宗教与哲学有着共同的起源和对象,都是对于"绝对者"的探讨,无论是对于上帝的认识还是对于无限的认识,都是对于"绝对者"——"自我"本身的认识。

可见,谢林进一步提高了人的主体性地位,使人的自我意识真正进入了理性层面,为人类理性实现对于知识真理的把握提供了可能。思维与存在、宗教与哲学在谢林的知识学立场都实现了"同一"。自我意识具有原始的主客同一性,能将"绝对"的客观内容沉淀在自身之中,进而自我意识能通过"直观"实现对于"绝对"的认识。

3.3.5 自我的"理性直观"与其神秘化

哲学史上有一种观点，即谢林继承了斯宾诺莎哲学的精华。斯宾诺莎认为"神"是唯一的实体，世间一切都是其属性，"神"的其他属性与"神"都是映射的关系；谢林的观点与之相似，在谢林的知识学体系中，"绝对"统摄自然哲学与先验哲学，"自我"与"绝对"也同样是映射关系，正因此谢林知识学不能作为理性思辨哲学。对于谢林来说，当知识学冲破了人与上帝之间的围挡，哲学的认识方法只能是自我意识的"直观"或者神秘的"天启"。

谢林称自己的哲学是自我意识的发展史。也就是他的知识学就是关于自我意识的哲学。谢林认为人类得到知识的活动，没有自我意识参与的知识是完全的经验知识；当有自我意识参与而得到的知识，才是先验知识。而自我意识的直观活动才是知识活动，谢林说只要给他直观，他就可以使理智及其整个表象体系出现在人们面前。在谢林看来，"直观"能呈现出自我意识不断进展的方式，准确地说，直观就是自我意识产生自己对象的过程，是一种通过其他中介所达不到的知识活动，他称自我意识绝对自由的直观过程为"理性直观"。在理性直观中，直观者与被直观者是"同一"的，也即是自我意识在"直观"活动进行中能直接产生自己的对象，实现将自己对象化为客观的对象，并由此得到自我与客体的内容是同样的认识，实现主客同一，这个过程是一种无条件的认识过程。而自我意识通过"理性直观"既能进行观念活动又能进行现实活动，使观念的东西变为"自在之物"，现实的活动变为"自在之我"。

第 3 章 德国古典哲学自我意识的形而上学建构

谢林提出，虽然"创造性直观"是理性直观过程中最重要的环节，依靠"创造性直观"自我意识能成为直接创造自己对象的活动，但是"创造性直观"却不是自我意识发展的最高阶段，因为在这个直观过程中仍然有主体（直观者）和客体（被直观者）的对立，自我意识由于要受到被直观者的限制并不能进行完全自由的直观活动。而自我意识能完全进行自由的直观活动只能是通过想象力的审美活动，所以自我意识发展的最高阶段就是审美活动中的"艺术直观"。谢林认为，只有通过"艺术直观"才能达到"绝对同一"，他说："不仅哲学的最初本原和哲学由之开始的最初直观，而且连哲学推演出来作为自身依据的全部机制，也都是通过美感创造才变成为客观的。"① 由于谢林的知识学，由自我意识在经验（自然界）中以一个连续发展的序阶为标志，从单纯的质料开始，无意识地提供客观性，到其使无意识地进行创造性活动的自然界回复到自身为止，也即是在无意识中达成与有意识的和谐，那么就可以表述为自我意识经过理性直观和欲望、任性，到艺术里的自由与必然的统一，使有意识地进行创造活动的自然界自成一体，趋于完善为止。而对于"绝对"本身，谢林坦言其是不能称谓的，他说："它也绝不会是知识的对象，而只能是行动中永远假定的、即信仰的对象。"② 显然，这种带有奇迹性质的无意识过程并不符合知识建构的逻辑。

可见，谢林的这种"绝对同一"具有很强的神秘性，进而理性也很难实现对于这种"非理性"的认识。关键的问题在于，谢林把他的体系作为一个静态的、阶段性发展的"同一哲学"。"绝对同一"的"自我概念"作为知识学的最高原则本就是不证自明的，那么对于"绝

---

① 谢林. 先验唯心论体系 [M]. 梁志学, 石泉, 译. 北京：商务印书馆, 2006：308.
② 谢林. 先验唯心论体系 [M]. 梁志学, 石泉, 译. 北京：商务印书馆, 1976：250.

119

对者"的认识除了"直观",也就不需要其他什么认识和理解的特别手段,于是谢林的"理智直观"就成了一种只有当天才或艺术家作为认识主体,才能掌握并完成的认识。显然,谢林虽然认为"理智直观"在人类理性中,但不是在每个人的理性中。就此卢卡奇批评谢林虽然已经站在理性领域的入口处了却产生了非理性主义,并且"在谢林那里还产生了另一个对非理性主义的发展具有永恒意义的主题:认识论的贵族主义"[①]。如果,并不是每个人都能进行理性直观,也不是每个人都能具有哲学思维,那么"绝对同一"显然只能作为信仰的对象或以启示的方式被直接把握。这就使谢林的"同一哲学"成了空中楼阁。

虽然谢林实现了知识学转向,强调了"绝对同一"的知识论立场,将"绝对"作为了哲学知识的最高目标,但由于谢林的"绝对"充满了神秘性,"理智直观"也不能被每个人所获得,进而使得谢林的知识体系充满了非逻辑性与个体性。谢林在通往"绝对"的形而上学建构之路上,显然违背了形而上学知识的普遍性和确定性原则,从而使真理成了信仰的对象。直到黑格尔将自我意识看作一个运动发展的过程,将辩证法运用到哲学体系的构建中,实现了"绝对"内容的逻辑化,才真正完成了关于知识真理的哲学体系的建构。

3.4 黑格尔思辨哲学中"精神"的自我意识

黑格尔认为谢林、费希特等人最大的问题就是太过重视自我意识的"直观"活动而轻视了自我意识自身的发展活动。在黑格尔的思辨哲学

---

① 卢卡奇. 理性的毁灭 [M]. 王玖兴,等译. 山东:山东人民出版社,1988:126.

中，自我意识是实现事物与其内容本身在"精神"中的辩证统一的动态过程，自我意识的运动过程是一个严密、有层次、有结构、有必然性的逻辑体系，其符合哲学观点的必然性，符合绝对知识的必然性，而不是像谢林所认为的那样是静态的主客观的原始同一。我们可以把黑格尔的自我意识看作是一个由意识向绝对精神和绝对知识发展的过程，也可以说成是理念在人类精神中的演绎。

3.4.1 黑格尔"绝对精神"的含义

黑格尔指出，"对某种东西予以（逻辑的）证明，加以概念式的把握，并不是直观或想象力范围内的事"[①]，黑格尔实现了用辩证法把谢林哲学中的"绝对"内容逻辑化，将谢林的"绝对同一"推进为"绝对理念"，进而把知识真理从谢林哲学的神秘"天启"中解救了出来。黑格尔将自我意识作为运动发展的过程，看作是与理念内容逻辑相符合的绝对知识本身，"绝对精神"就是绝对理念的内容在人类自我意识中的完全演绎。

在谢林哲学中，自然哲学和先验哲学是"绝对同一"的，它们是"绝对"内容的映射；但在黑格尔看来，自然和精神都是"绝对理念"的外化，"理念"才是事物内容本身。"绝对理念"体现了事物本身所具有的最充实的内容，是现实的依据，包含了所有哲学内容，也就是所有经验中的事物的表象都按照事物本身的"理念"去运动，去发展，去存在。黑格尔认为："哲学知识的形式是属于纯思和概念的范围。……属于原始创造的和自身产生的精神所形成的世界，亦即属于意识所形成的

[①] 黑格尔. 哲学史讲演录（第四卷）[M]. 贺麟，译. 北京：商务印书馆，1978：352.

外在和内心的世界。简言之，哲学的内容就是现实。"① 所以，"理念"包含了概念与内容，其就是现实本身，按照黑格尔自己的说法，"理念自身就是辩证法，就是辩证发展的过程，它包含着主观与客观，有限与无限，同一与差别等的矛盾统一"②。可见理念、自然和精神在内容上是同一的、它们只是在形式上具有差异；但这三者的同一不是谢林哲学中静态的"绝对同一"，而是在"正、反、合"运动过程中实现的辩证统一，黑格尔的辩证法能使自然和精神在发展运动中与绝对理念完成辩证统一。因此黑格尔的理念外化并不具有神秘性，自然界就是理念外化为物质，人类社会就是理念外化为精神。"绝对理念"体现了黑格尔思辨哲学的理性运动法则，通过辩证法黑格尔实现了主体的精神和事物内容的逻辑化。由于以往的先验思维方式只能对主体概念形成逻辑，无法对事物本身形成逻辑，所以得出了人的认识有界限的结论，直到黑格尔实现了本体逻辑化，才真正冲破了知性认识界限，通达了绝对知识本身，而这个过程是在自我意识自身的发展过程中才能实现的。

　　谢林强调的是主观与客观在自我意识中的同一性；而黑格尔强调的是自我意识具有概念与客观性的统一并能在其自身的辩证运动过程中实现出来。而"绝对精神"就是自我意识进行自我扬弃、自我返回、自我实现的"正、反、合"运动的动态过程，体现了一种"前进——回溯"的辩证运动。黑格尔认为，"前进就是回溯到根据，回溯到原始的和真正的东西；被用作开端的东西就依靠这种根据，并且实际上将是由根据产生的"，而"离开端而前进，应当看作只不过是开端的进一步规定，所以开端的东西仍然是一切后继者的基础，并不因后继者而消

---

① 黑格尔. 小逻辑 [M]. 贺麟, 译. 北京: 商务印书馆, 2015: 42.
② 黑格尔. 小逻辑 [M]. 贺麟, 译. 北京: 商务印书馆, 1980: 209.

灭"，于是"哲学之整体就是一个圆圈，在它之中，开端与终结、起点与终点乃是目的与目的的实现、自我完成自我实现"①。黑格尔指出，从自在的实体转化为自由创造的主体，绝对才能实现自身为精神；黑格尔哲学的"自因"就可以看作是精神本身，自我意识在自然界中不能完全实现出来，只是表现为一种机械的物理规律。而精神作为一种非物质性的东西，只有在精神中才能实现出"自我意识"的全部，自我意识就是人类以精神的方式，把"绝对精神"在人类精神中实现出来的过程。当"绝对精神在现象中显现"②时，就意味着绝对（精神）能把自己"实体化"为各种意识现象；而只有当实体自己否定自己的时候，其凭借自我否定功能从"他物"中返回自己的时候，才能得到现实的主体。此时，实体性和主体性都表现为"绝对精神"，也就是说在自我意识的发展过程中，自在存在和意识存在可以实现相互转化，即主体和实体能表现为同一个东西，这就是黑格尔所说的"绝对即精神"之路。

黑格尔的"绝对精神"最终达成了绝对理念的"内容"在人类自我意识中的演绎和自我实现。自我意识的演绎遵循"绝对理念"的辩证法则，自然和精神作为理念的外化可以在自我意识的辩证运动中实现辩证统一，而自我意识亦能通过自我生成、自我发展最终能达到"绝对精神"。黑格尔"绝对精神"的提出，使得哲学整体成了一个"圆圈"，他以辩证法为结构，第一次使形而上学形成了一个完整的体系。

3.4.2 黑格尔自我意识的结构、原理与功能

自我意识在黑格尔看来是一种运动，是一个过程，其把主体和客体

---

① 张志伟. 黑格尔哲学与古典形而上学的完成[J]. 河南大学学报，2011（5）：5-9.（详见：黑格尔. 逻辑学（上卷）[M]. 杨一之，译. 北京：商务印书馆，2001：56.）
② 黑格尔. 精神现象学（上卷）[M]. 贺麟，王玖兴，译. 上海：上海人民出版社，2013：62.

都看作自己的对象。黑格尔说："自我意识是从感性的和知性的世界的存在反思而来的，并且，本质上是从他物的回归。"① 意识作为自我意识可以把感觉和知觉的对象作为自己的对象；同时自我意识也以自己为对象，这个对象与它本身可以看作是对立的，所以自我意识在运动中能实现不断的扬弃自身。黑格尔提出"自我意识就是一个外化及其复归的过程"②，自我意识就是在自我与自我对象之间不断实现相互确认，从而建立起来其本身或者说实现它和它自身的统一。

一是，自我意识的内在结构。黑格尔运用"确定、怀疑、否定"不断反复进行对于意识的认识，这是一条意识实现绝对认知之路。在《精神现象学》中，自我意识能以现象性（感性）、对象性（知性）、反思性（理性），应用"种、类、规律、力"四个范畴，确定自我与对象，形成认识。③ 感性、知性、理性就是黑格尔自我意识的内在结构，与康德先验自我中分裂的结构不同，在黑格尔哲学中感性、知性、理性都是自我意识发展的相关环节，自我意识实现自身的过程也是自我意识实现认识的过程。黑格尔的《精神现象学》揭示了自我意识的发展过程，其被看作是"意识发展史"和"关于意识的经验的科学"④，这里的"经验"在德文中有"经历"的意思，按照邓晓芒的话说，黑格尔的《精神现象学》就是指意识就是这样一路走过来的。⑤ 黑格尔提出，"精神"实质上也是一种活动，是一种纯粹的意识既外化又复归的过程，是意识与意识外化的"共在"。在感性确定性阶段，我们确定了有

---

① 黑格尔.精神现象学（上卷）[M].贺麟，王玖兴，译.北京：商务印书馆，1979：116.
② 黑格尔.精神现象学（上卷）[M].贺麟，王玖兴，译.北京：商务印书馆，1979：118.
③ 王天成.黑格尔知性理论概观[J].吉林大学社会科学学报，2010（3）：60-66.
④ 黑格尔.精神现象学（上卷）[M].贺麟，王玖兴，译.北京：商务印书馆，1979：62.
⑤ 邓晓芒.关于黑格尔精神现象学的几个问题[J].中国高校社会科学，2013（2）：39-54.

一个外物存在，但对于其是什么并不知道，此时的主客甚至是混沌不清的；在知觉阶段，我们清楚地知道了这个外物是什么，主体把客体看作是独立的存在；在知性阶段，我们已经能看清事物的本质，但并没有把它看作意识本身。也就是说，感性确定性自身具有辩证性，能认识到自身并不是直接性的东西，而是一个包含中介的普遍者即"物"，此时，意识就进入知觉。知觉只能认识物具有实体和属性两种规定性之一，所以知觉的意识无法认识其对象的真理。这种情况要靠知性认识解决，知性认识不同于知觉意识，它能认识到对象即"力"本身包含一（实体）与多（属性）。简单地说，当感性确定性与知觉将对象放置与"这一个"和"物"的视域下所得到的就是一种对于对象的片面的认识，而发展到知性认识，就能在整体性的视域里对"力"进行现象世界与超感官世界的双重把握。当意识进入了"理性"阶段，主客体实现了进一步的对立统一，自我意识通过"观察理性"和"实践理性"最后达到"自在自为地实在的个体性"成为类意识。黑格尔指出客体的个别性并不是没有积极意义的，个别与普遍性的关系有助于我们理解理论与实践的统一，他指出："对个别的否定是一种否定的否定，肯定的普遍性给予个体决定以永恒基础；因为真正的个性同时本身就是一种普遍性。"① 自我意识从"理性"发展到"精神"，最终达到"实在即理性，理性即实在"，即成了符合社会普遍意义的个体性。"实践是作为个体性的主体在实现自己时与普遍性即社会两方面矛盾统一的过程"②，是实现主客体统一的关键。可见，自我意识不仅能对认知起作用也能对现

---

① 黑格尔. 自然哲学：哲学科学百科全书（第2卷）[M]. 英国：牛津大学出版部，2004：12.
② 张世英. 自我实现的历程——解读黑格尔的精神现象学 [M]. 济南：山东人民出版社，2001：32.

实生活起作用，能实现意识与意识外化的"共在"，统一现象世界与超感官世界、普遍性与个体性，成为绝对精神。

二是，自我意识的运动原理。黑格尔的自我意识运动原理就是辩证法，自我意识的运动过程是一个严密、有层次、有结构、有必然性的逻辑体系，其符合哲学观点的必然性，符合绝对知识的必然性。自我意识就是"绝对理念"内容在人类精神中的演绎，因此，自我意识与"绝对理念"遵循相同的辩证运动原理，都是进行"正、反、合"的运动方式。黑格尔的《逻辑学》是《精神现象学》的目的，体现了自我意识的理论核心，其发展的最终目的就是达到绝对精神，进而实现对于真理知识的认识，实现人类真正的自由。黑格尔的《精神现象学》是《逻辑学》的引路标，而《小逻辑》就是"从最初、最简单的精神现象直接意识开始，进而从直接意识的辩证进展逐步发展以达到哲学的观点，完全从意识辩证进展的过程去指出达到哲学观点的必然性"[①]。黑格尔将自我意识看作是实现认识和获得自由的根本原因，并以本质和现象的关系作为自我意识基本的范畴格局，表现出自我的同一性。他在《小逻辑》中把作为自我意识感性原理的"存在论"、知性原理的"本质论"、理性原理的"概念论"，看作是一个动态过程。"存在论"从质、量、度三方面以概念的规定性为依据，考察了概念在其潜在性中的运动变化规律；"本质论"从本质、现象、现实三方面以"对立统一"的辩证运动为规律深入到事物的本质；"概念论"通过对主观性、客观性、绝对观念的论证表述了自我意识通过感性、知性考察概念最终达成绝对精神、实现绝对理念的全部内容又回到自身的过程。黑格尔提出概念是自由的，本质论结束于必然性，概念创造了一切存在并赋予一切存

---

① 黑格尔. 小逻辑 [M]. 贺麟, 译. 北京：商务印书馆，2006：1.

在以本质内容,因此黑格尔的辩证法是关于事物本质的法则因而也可以称为概念辩证法。辩证法就是黑格尔用来寻求知识真理的认识方法,黑格尔的哲学体系是由其概念辩证法中"肯定—否定—否定之否定"的环节构造起来的,自我意识在对事物本质的认识活动中同样遵循着概念运动的辩证法则。笛卡尔是从怀疑开始以求确定;而黑格尔是从否定开始以求达到肯定,因此波普尔认为可以称黑格尔的辩证法为"试错法"。但是这种"试错"的过程是在自我意识的内部进行的,"否定"只是自我意识实现自我的内在环节,最终目的是实现肯定,也就是自我意识通过否定性这一过程实现对"绝对理念"原点的复归。黑格尔的辩证法通过相伴而生的否定性与肯定性环节,最终使自我意识的概念和客观性统一于"绝对精神"的完满性之中。

三是,自我意识发展的功能与作用。在《精神哲学》中,黑格尔重新解释了古希腊的箴言"认识你自己",他指出:"认识自己的概念是属于精神的本性的。因此,德尔斐的阿波罗向希腊人发出的认识自己的要求,并没有某个异己力量从外面向人类精神提出的一个诫命的意义;相反地,那督促着认识自己的神无非是精神自身的绝对法则。所以精神的一切行动只是对于它自身的一种把握,而最真实的科学的目的只是:精神在一切天上和地上的事物中认识它自身。"[①] 自我意识本身就具有能展现出自我同一性的逻辑法则,其最重要功能就是可以实现主体和客体的辩证统一,甚至能使意识主体和对象在确定性上依靠对立运动而实现相互转化。但是,意识主体的目的却不单单在此,而是要实现完全的自由,"精神"的本性就是自为的存在,它不依赖于任何东西,只与自己本身相关,是最自由的,因此可以看作是其"里面存在着的概

---

① 黑格尔. 精神哲学 [M]. 杨祖陶,译. 北京:人民出版社,2006:2.

念和客观性的统一"①，也就是自我意识自身就具有自由的概念，当自我意识发展到绝对精神，就能完全实现它自身，进而获得真理和自由。黑格尔在《精神哲学》中强调了人类的主观精神如何凭借自己内在的力量而实现出来，最后成为绝对精神的过程。黑格尔的最终目的不是别的，就是为了实现精神或者说是自我意识的自由。在自我意识的发展过程中，人类精神经历了从自然状态中产生、发展、形成并向绝对精神的升华；体现了自我意识与绝对理念具有相同逻辑和运动法则。自我意识通过辩证运动，让绝对理念的"内容"复归到自我意识中，"绝对精神"就是绝对理念在人类自我意识中的完全呈现和自我实现。所以，当自我意识达到"绝对精神"，就意味着人类理性对于绝对理念"内容"的获得、对于知识真理的掌握；达到了"类"意识，实现了理性自由。

黑格尔用自我意识的发展过程和辩证法，明确指出了自我意识符合哲学观点必然性的本质，自我意识本就包含着概念和客观性的统一。当自我意识发展到绝对精神，自我意识就能通过概念把握"绝对"，由此黑格尔克服了谢林哲学中的神秘性；同时，自我意识的个体性和普遍性也能实现统一，进而人类理性能实现认识世界、获得真理和自由。黑格尔不仅用"自我意识"把主体和客体统一了起来，也把精神和现实统一了起来，人的主体性在黑格尔哲学中被提升到了最高。

3.4.3 "绝对精神"中的思辨哲学体系建构

在黑格尔看来，"哲学各特殊部门间的区别，只是理念自身的各个

---

① 黑格尔. 精神哲学 [M]. 杨祖陶, 译. 北京：人民出版社, 2006: 20.

规定，而这一理念也只是表现在各个不同的要素里"①，因此，实现以理念为内容的"思维和存在的一致"，就是作为"真理之学"的哲学之任务和使命。黑格尔所要完成的就是关于真理的哲学体系的建构。

黑格尔终结了西方哲学的本体论，不再只是通过把握理性和知性的认识方式去认识事物，而是把主体和事物内容都逻辑化了，这才构成了本体论。把本体逻辑化的意义十分重大。先验思维方式只对主体形成逻辑，无法对事物本身形成逻辑，所以得出了人的认识有界限。到了黑格尔这里，辩证的思维方式形成了，才能通达事物本身，冲破先验认识界限，这种思辨的逻辑方法超过了以往所有感性和知性的认识方法。黑格尔明确地指出，辩证法与之前有限的认识方法不同，它"不像外在反思那样行事，而是从它的对象本身采取规定了的东西，因为这个方法本身就是对象的内在原则和灵魂"②。所以"理念"或者说"逻辑学"本身就是辩证方法的内容，就是辩证法。辩证法不是一种认识的规定性形式，而是客观事物本身的逻辑学，是其本身的运动法则，即概念自己运动的形式。无论是认识领域还是现实世界，所有事物和生命都要遵循辩证法也就是"理念"（逻辑学），"理念"既是所有存在的动力源也是一切知识可以被认识的原因。

黑格尔认为所有的事物都可以用理念来表示，理念是黑格尔对于整个世界的逻辑规定，包含着世界法则的内容。黑格尔称他的哲学为"逻辑学"是"研究理念自在自为的科学"，其指的就是理念对象化演绎出了全部的哲学内容，演绎出了全部现实。因此，黑格尔的"逻辑学"（理念）、"自然界"和"人类社会"，就成了黑格尔哲学体系的主

---

① 黑格尔.小逻辑［M］.贺麟，译.北京：商务印书馆，2015：59.
② 黑格尔.逻辑学（下卷）［M］.杨一之，译.北京：商务印书馆，1976：537.

要构成部分。自然界是以物质和自然的方式演绎了逻辑学，也就是逻辑学在自然界的演绎，由此黑格尔形成了他的自然哲学，即"研究理念的异化或者外在化的科学"，他认为，"在自然界中所认识的无非是理念，不过是理念在外在化的形式中"①，自然界就是以物质的方式将自然规律演绎出来，自然界背后运动的根据是理念。这种演绎是被动的，其被动地执行了物质在自然界的逻辑规定，是逻辑演绎以低级的物质方式在自然界呈现出来，是逻辑学的异化。自然界只不过是一个舞台，背后的导演是理念，物质和植物没有意识、没有理性；而动物只相当于提线木偶一样服从着被动的法则，没有任何自由只是遵循一种必然在行动。可以说，在这个过程中，自然界只是被动的演绎和茫然的服从。自然界是一种外化也可以说是偶然，只有理念或是精神才是开端，是必然。与动物不同，人具有理性，人在人类社会以精神和理性演绎着宇宙法则。人类理性的发展不是一蹴而就的，精神的发展就展示了人类理性从无到有从低到高发展的过程。理性发展的标志是理念的内容在精神当中的沉淀，人类认识发展水平高低的标准就是理念的内容在我们精神中沉淀多少。所以人类发展的历史就是理性的成长史、是精神的发展史、也是宇宙世界在我们精神中的演绎史；同时人类实现认识的过程，就是精神实现自身的过程。"理念""自然"和"精神"三者在内容上同一，只是在形式上具有差异，理念在自然界和人类社会中对象化为物质和精神的运动形式，三者遵循辩证法的理性运动法则，黑格尔思辨哲学成了一个有机运动的整体。不同于以往哲学所实现的主客静态的、知性的统一方式，黑格尔完成了主客在运动发展中的辩证统一。

黑格尔认为，认识的开始是直接性的，表现在逻辑上就是"存

---

① 黑格尔. 小逻辑 [M]. 贺麟, 译. 北京：商务印书馆, 2015：59.

在",也就是直接性的范畴;"本质"是其下一个阶段,属于间接性的范畴;而"理念",表现的是对立统一的范畴。"理念"的本体就是对世界变化的实体的解释。当我们认识了"理念",就等于掌握了事物的必然性、把握了思维的客观真理性。黑格尔通过探讨思维(世界)本身所具有的其自身规定性,人(社会)作为认识主体亦具有的自身规定性,以及物自体(自然)作为思维对于物的外化反映,也相应具有的自身规定性,来论证认识就是一个"正、反、合"的辩证过程,是理性的逻辑思维。理性的逻辑思维使人类的意识达到了一个更高的层次,意识可以不断地自我否定、自我发展,形成一个螺旋式的、圆圈式的上升,最后达到某一高度,也就是"绝对精神"。自我意识达到"绝对精神"才能实现主客体的统一,绝对精神就是事物本身,也可以说成人的理性逻辑与事物中所蕴含的逻辑学相同。至此,人类的意识则不再是停留在观察与认识世界的层面了,而是可以提高到创造与改变世界的层面。可见,理性思维自身是具有能动性的。如果一切事物都是绝对精神在认识和发展自己的过程中的对象化的产物,都只是自我意识发展的一个阶段,那么绝对精神就是要将理念的内容完全沉淀在自我意识之中。由此,黑格尔完成了自然界和人类历史的有机统一,自然界发展的最终结果是产生了人类理性,也标志着理念在自然界是对象化的完成和向人类社会精神对象化的开始。

黑格尔正是在论证自我意识如何将理念的内容呈现在精神中成为"绝对精神"的过程中,完成了他思辨哲学体系的建构。只有黑格尔的理性辩证哲学才能使得自然和精神在内容上统一于理念,并使自然界和人类社会在发展运动中实现统一。在黑格尔哲学中,当自我意识成为"绝对精神",理念的全部内容就能实现完全沉淀在自我意识之中,进而人类理性才能实现对于客观世界的认识，达成理性与实践的统一、自由与必然的统一、有限与无限的统一。

3.4.4　黑格尔将主体性原则向"绝对统一"的推进

黑格尔论证了自我意识的运动法则与"逻辑学"相一致；当自我意识发展到绝对精神，即能达到"实体即主体"进而呈现绝对理念的全部内容。可以说，黑格尔实现了人类理性的长足进步，将人的主体性原则推向了"绝对统一"。

第一，自我意识的运动在黑格尔哲学中与"逻辑学"具有同构性，体现了逻辑的必然性。谢林超越了康德和费希特的主观主义，在真正的知识学立场上，重新审视自我意识，建构了"绝对同一"的知识学体系。谢林认为"绝对同一"才是知识可能的条件，自我意识作为"绝对"内容的映射，其本身发展到最高阶段就是"绝对同一"，因此自我意识对于绝对真理的获得，只能依靠完全自由的直观活动，显然这个过程缺少逻辑性和普遍性。在黑格尔看来，自我意识是意识从最初的感性直观到最终实现"绝对知识"的发展过程，自我意识本身就具有理念的内容，人类理性的发展水平以理念在人精神中的沉淀多少为标志，精神的发展过程就是主客观从对立到统一的过程，就是自我意识实现自我的确立和对于真理的认识的过程，而这个过程要在"概念的思维"中得以最终实现。黑格尔强调，自我意识自身具有能动性且具有矛盾性，能自发地进行对立统一的运动。简单地说，自我意识本身就是进行"概念的思维"的过程，其能在"正、反、合"的动态运动中不断扬弃其自身、发展其自身，从而确定其自身、实现其自身，最后达到"绝对精神"，使自身具有的概念和客观性全部显现出来，最终呈现自我和客体的全部内容的统一，进而获得"绝对知识"。所以，在黑格尔哲学中，自我意识能通过辩证运动实现对于真理知识的认识。

第二，使"思维和存在的关系"由"绝对同一"发展为"辩证统一"。在谢林的"同一哲学"中，谢林应用历史的发展观来看待自然哲学和先验哲学，认为它们是绝对统摄下具有同一个内容的两个不同的发展阶段，而自然哲学发展到最高阶段就是自我意识，自我意识能实现自然哲学与先验哲学的"会合"；谢林接受了斯宾诺莎的思想，认为自然哲学和先验哲学与绝对之间是静态的映射关系，所以"思维与存在的关系"在谢林那里是"绝对同一"的。黑格尔的"绝对理念"与谢林哲学中的"绝对"内容是一致的，都具有超验的知识学意义，但黑格尔强调的主体和客体不是无差别的同一，而是有差异的统一体，兼具了主客观的辩证超越与克服。在黑格尔看来，精神的本性就是其中蕴含着辩证的矛盾，精神中包含着"他物"、否定和矛盾，因为精神就是在产生矛盾和克服矛盾的过程中前进的，正如杨祖陶先生所说："这个他物对于精神不仅是可能的，而且是必要的，是它所能够忍受的。因为它知道，这个在它之内的他物是它设定起来的，因而也是它能够重新加以扬弃，使之成为它的他物（即'我的某某表象'），就是说，它在这个他物里仍然保持着它自己，即依然是自己与自己本身相联系的。这就证实了它的观念性，表明了它是自由的。"[①] 精神正是通过克服或征服客体的自由运动，揭示世界以及人类本身的观念本质，日益前进的解决思维与存在的矛盾。所以自我意识自身中就包含了概念和客观性的统一，其自身遵循着逻辑法则辩证发展的过程中，就体现了哲学观点的必然性、与逻辑学的同构性，当自我意识发展到绝对精神，就能真正实现思维与

---

① 黑格尔. 精神哲学 [M]. 杨祖陶，译. 北京：人民出版社，2006：3.

存在的辩证统一。

第三，上帝在黑格尔哲学中是"概念与存在的统一"[①]。黑格尔在《小逻辑》中说，哲学与宗教都是以真理为其对象，而"唯有上帝才是真理"[②]，也即是宗教和哲学都是具有同一个"真理"，只是形式不同。黑格尔哲学中的"上帝"就是"理念"，与谢林哲学中的"绝对"相同，是"自在和通过自己存在的""无限者或无条件者"[③]。在黑格尔哲学中，宗教与哲学、信仰与知识不再是二分的关系而是在绝对精神中实现了统一。黑格尔提出，在"自然宗教"中，精神表现为自在的精神即意识（狭义的），"绝对"表现在于自我不同的自然物中；在"艺术宗教"中，精神表现为自为的精神即自我意识，"绝对"表现在于具有人的精神性的艺术作品，此时人的意识可以无限地提高，以使其适合于精神本身，即把神人化，以表达精神能战胜自然，主体能战胜客体；而在"天启宗教"中，精神则表现为自在自为的精神即意识与自我意识的统一，"绝对"表现在人本身之中，黑格尔主要是指基督教中人性与神性的合一，耶稣基督就是上帝的化身，既有神性又有人性。但无论是借助自然物还是具有神性的上帝，在"宗教"中，我们都只是通过表象把握"绝对"，都只是精神自我认识过程中的一个阶段，还没有实现对于概念的把握，所以黑格尔提出意识要继续发展到"绝对知识"阶段。在"绝对知识"阶段中，我们能通过概念把握"绝对"，宗教形式也就成了概念自身的发展环节，而我们对上帝的认识也就是精神的自我认识，此时，人性、神性、理性就构成了"三位一体"的辩证统一关系，至此黑格尔实现了"上帝人本化"。

[①] 黑格尔. 小逻辑 [M]. 贺麟, 译. 北京：商务印书馆, 1981: 140.
[②] 黑格尔. 小逻辑 [M]. 贺麟, 译. 北京：商务印书馆, 1981: 37.
[③] 张汝伦. 从黑格尔的康德批判看黑格尔哲学 [J]. 哲学动态, 2016 (5): 5-20.

黑格尔使谢林主客观无差别的"绝对同一"发展为了有差别的辩证统一；将自我意识发展到绝对精神，使得意识能得到的关于主体自我和客观对象共同的、统一的最高理念，论证了主体与客体、自然与历史、宗教与哲学具有相同的逻辑结构，实现了思维与存在的最高统一。

3.4.5　主体性哲学在思辨理性中的终结与转向

形而上学的终极目标就是要建立关于绝对真理的知识体系。黑格尔将"哲学"定义为"关于真理的科学"，他思辨哲学体系建构的完成，就意味着德国古典哲学关于真理知识的哲学体系建构的完成，人类理性启蒙的完成。黑格尔哲学使主体性形而上学完成了它的历史使命和任务。

在黑格尔看来，"真理的王国是哲学所最熟悉的领域，也是哲学所缔造的，通过哲学的研究，我们是可以分享的"[①]。"追求真理的勇气，相信精神的力量，乃是哲学研究的第一条件。"[②] 他明确地说："我的哲学的劳作一般地所曾趋赴和所欲趋赴的目的就是关于真理的科学知识。"[③] 也就是，"哲学"要依靠人类精神的理性力量，实现对于真理的追求；而哲学的任务就是实现这种真理知识的"分享"。黑格尔将"自我意识"看作是实现哲学知识真理化的关键，将"思想的客观性"看作是实现哲学知识真理化的前提。黑格尔之前的哲学显然不具有"思想的客观性"，因此不能看作是真理的知识。其一，近代哲学虽然意识到了思想与客观事物之间的矛盾，但由于经验主义立场只能导致"怀疑论"；其二，康德的批判哲学由于知性思维的有限性，只能陷入"不可知论"；其三，费希特将思想与客观事物之间的矛盾都纳入思想自身

---

① 黑格尔．小逻辑 [M]．贺麟，译．北京：商务印书馆，1980：35.
② 黑格尔．小逻辑 [M]．贺麟，译．北京：商务印书馆，1980：36.
③ 黑格尔．小逻辑 [M]．贺麟，译．北京：商务印书馆，1980：5.

的矛盾中，却相信思想把握到了客观事物的真实性，因而是'独断论'；其四，谢林认为无"我"参与的直接知识，有"自我意识"参与的先验知识，都不能通过理性把握只能通过"直观"，所以"真理"变成了偶然的"个人意识"。直到黑格尔，以"概念"的辩证发展为内容而构筑了他"关于真理的科学"，以"概念"把握"绝对"，使思想具有客观的内容；用概念构成了思维中的客观世界，自然本体与精神本体都作为概念的内在环节而存在，实现了绝对精神和绝对理念合一，进而让哲学发展到了它的最高阶段。可以说，是黑格尔树立了哲学的真理权威。

  主体性哲学选择了"从人出发"来获得对于真理和知识的把握，也就是从"自我"内在向外探索来寻求知识的确定性和必然性。康德把笛卡尔的实体"我思"变成了先验的"自我意识"，并以人类"理性"作为哲学研究的对象，推动了主体性原则的向前发展，但却也带来了主客体"二元论"的分裂，德国古典哲学就是在"思维与存在"的分裂和矛盾中寻找统一性的过程中不断发展的。费希特将"思维与存在"都归为主观的"绝对自我"中，完成了主体中的统一；谢林将"思维与存在的关系问题"带到了知识学领域，使"思维与存在关系问题"的真正解决得以可能，但谢林哲学中的"绝对"具有神秘的个体性和非逻辑性，致使真理知识成了难以实现的"天启"和"奇迹"。直到黑格尔思辨哲学的出现，将"绝对同一"推进为"绝对理念"，用辩证法实现了自我意识与"绝对内容"的逻辑化，最终实现了思维与存在的辩证统一。黑格尔的自我意识本身就具有概念与客观性的统一，能通过辩证运动发展为"绝对精神"，成为具有客观性的"思想"。当自我意识达到了"绝对精神"，也意味着精神实现了自身，具有了"理念"的全部内容,实现了"主体即实体"。黑格尔用辩证法,通过自我意识与理念的逻辑同构性,最终实现了主观与客观、思维与存在,形式与内容的真正统一。由此,黑格尔终结了近代哲学以来的"思维与存在的关系"问题。

近代启蒙运动以来,形而上学恢复理性的权威,德国古典哲学的任务除了对于真理知识体系的构建,还要实现人类理性的"上帝化"。所以在"知识学形而上学"的建构过程中,也体现了人的主体性由神性向人性的转变。康德的"人为自然立法"实现了人类理性在自然界中的"上帝化",给予了人类理性在知性领域的能动性;费希特取消了康德哲学中的"物自体",实现了"绝对自我创世",看似费希特将人类理性能力提升到最高,但实际上费希特只是实现了主观意识中的"上帝化";谢林将人类理性推进到超验领域直面"上帝"和无限,将客观性给予了人类理性,实现了自然与人类理性的"绝对同一",但人类理性还不足以实现对真理的认识。黑格尔通过概念辩证法,消解了精神本体与自然本体的抽象对立,以概念为媒介,将自我外部世界转化为自我内部的思维规定,使客观性与概念相统一,进而实现了对于真理的认识。也就是自我意识通过"正、反、合"的辩证运动,在认识对象和自我的过程中,不断发展自己、完善自己、复归自己,将绝对理念的内容实现完全客观化到自我之中,达到绝对精神,进而使人类理性获得绝对理念的全部内容,此时,主体才成为真正意义上的"理性上帝",人的主体性达到了神性。

黑格尔作为主体性的集大成者,终结了主体性形而上学,完成了德国古典哲学的任务和使命。主体性哲学在黑格尔哲学中发展到了顶峰,成了哲学史中的一个环节,从此以另外的方式进行发展,西方哲学的主题自此从建立主体性、提高主体性转向了消解主体性的理性维度。

首先，思辨理性成了理性的最高认识方式，绝对理念作为根据也导致了一切的理性化，从而以理性为根据的形而上学发展到了它的极致。人类自我意识的发展史就是将绝对理念在人类精神中的自我实现的历史，而历史的终点就是自我意识与绝对理念的最高和最后和解，黑格尔完成了思辨哲学体系的建构宣告了近代主体性形而上学的理性完成。此时，哲学与宗教也实现了统一，知识和真理的内容都是"绝对"，人的主体性已达到了"神"性，人的理性发展已到巅峰无可再高，必然要转向非理性的其他根据。叔本华开启了"意志自我"的哲学转向，把"意志"作为哲学对象和人本质的体现，看作是人生存的动力和目的；马克思实现了"实践自我"转向，指出哲学的对象应是具有感性意识存在的人，人不只是思维的主体，还是有着丰富生命内涵的实践主体，人的本质只能通过实践活动体现出来；而分析哲学进行了"语言学转向"，认为哲学的对象应是语言，提出人的本质通过语言体现出来，人也要通过语言来理解他人和世界；胡塞尔提出了"先验自我"的现象学转向，其反对传统意义上的狭义的科学认识，提出"第一哲学"认识论，认为哲学的对象是"先验自我"的绝对的主体性意识结构，这是一种自为存在，从而建立起一种新型的形而上学本体论。可见，德国古典哲学之后的哲学家们，仍旧是将主体哲学"以人出发"的传统传承了下去，但不再是从"思维理性"出发，而是通过人与世界、人与现实生活之间的其他"中介"，探讨哲学真理知识。

其次，黑格尔哲学中的论证方式具有上帝创世般的绝对性，使得思辨理性神性化了，必然导致理性的消解。黑格尔论证了自我意识的运动过程符合哲学观点的必然性，自我意识能通过辩证运动实现自身，进而人能掌握知识和真理。黑格尔哲学的方法论是辩证法，哲学对象是"能思者的思维"以及"思维自己构成自己"。也就是"黑格尔把真理视为'全体的自由性'与'环节的必然性'的统一，并以思辨思维方式把主体从'能思者'转换为'能思者的思维'和'思维自己构成自己'的概念内容的辩证运动，其结果就是马克思所批评的'无人身的理性'的自我运动"[①]。实际上，黑格尔在确定自己的哲学对象和哲学方法时，就如同其他的唯心主义的哲学家一样进行了"提前预设"和"循环论证"，其在他自己的思维中早已设定了"自我意识"就是主客体的辩证统一。"思想"在黑格尔看来具有客观概念的全部内容，黑格尔通过理性和思想的运动创造了一切，建设了整个世界，马克思认为，"他只是根据自己的绝对的方法把所有人们头脑中的思想加以系列的改组和排列而已"[②]。在这个意义上，黑格尔将人的理性等同于"神性"，绝对理念外化、返回自身的方式与上帝创世论方式并无区别。正因如此，马克思明确地指出："辩证法在黑格尔手中神秘化了。"[③] 也就是思辨理性的神性化，导致了理性的神秘化，这也是黑格尔哲学遭到批判的原因所在。

黑格尔使自我意识发展到绝对精神的目的就是使人类理性发展到最高峰，实现理性自由；但同时他也因为将人的理性视为"绝对精神"实现自己的一个手段、把个人看作是历史进程的工具，而遭受到了抨击。这种以普遍抽象的人性来规定个人的观念，成了国家主义和纳粹主义的理论依据。因此，古典形而上学的理性维度必将消解，主体性哲学作为哲学史和真理的环节，其转向势在必行。

---

① 孙正聿. 关于真理的哲学——黑格尔的哲学主题及其哲学史意义 [J]. 东南学术，2020 (1)：61-76.
② 马克思恩格斯选集（第1卷）[M]. 北京：人民出版社，2012：105-106.
③ 马克思恩格斯选集（第2卷）[M]. 北京：人民出版社，2012：112.

第 4 章　德国古典哲学中自我意识的
　　　　形上演绎之路

从康德的"先验自我"到黑格尔的"绝对精神",自我意识呈现出不断发展、转向和跃迁的演进逻辑,德国古典哲学中自我意识发展的总体逻辑便清晰地呈现出来。在这个总体逻辑之中,"自我意识"的自我发展逻辑不仅决定着"思维与存在统一"的哲学基本问题的解决方式,而且也直接关乎哲学思维方式由知性向理性的发展逻辑、真理观由外在符合论向内在符合论的发展逻辑、历史观由合目的性向合规律性的发展逻辑。也就是说,只有自我意识本身的内容和逻辑发生了变革,德国古典哲学逻辑的变革才成为可能,它们之间具有变革和演进的内在同构性。

4.1　自我意识从主、客观对立到统一的演进逻辑

恩格斯所说:"全部哲学,特别是近代哲学的重大的基本问题,是思维和存在的关系问题。"[①] 思维和存在的统一性问题是哲学的基本问

---

① 马克思恩格斯全集(第 21 卷)[M]. 北京:人民出版社,1965:411.

<<< 第4章 德国古典哲学中自我意识的形上演绎之路

题,最终在德国古典哲学中得到了解决,而自我意识及其发展是解决这一问题的关键。"自我意识"在德国古典哲学经历了从作为主体的认识能力到作为主体与客体对立、同一,最后作为"绝对精神"与"绝对理念"相统一的过程。

4.1.1 康德先验自我与物自体的对立:主、客观的二元化

自主体性形而上学的奠基人笛卡尔提出"我思故我在"以来,人就变成了整个"世界图景"的基础和"尺度","以现代说法,就是一切对象化和可表象性的基础,即一般主体"①。而"现实的现实性被规定为客体性,即通过主体并且为了主体而被把握为被抛向它对面、与之对峙的东西"②。因此,主体性哲学伊始,就面临着主、客的对立、思维与存在的对立问题,而它的主要任务就是在这种对立中找到统一性。休谟的怀疑论使人们认识到,经验世界与概念世界是两个世界,在经验论立场使"思维与存在"达到统一是不可能的。康德所要面对的,就是近代哲学所遗留的经验世界与概念世界对立的问题。

在寻求知识的路上,康德为知识和理性划定了"界限",将"理性永恒不变的规律"③ 作为哲学对象。康德指出,知识的普遍必然性是由先于经验的理性得以保障的,是由人理性的主体性活动(自我意识)提供的,不限确保这个问题那么所得到的知识都不能算是"真知灼见"。由此康德将哲学的研究对象转向了人类理性本身,康德对"理

---

① 海德格尔. 尼采(下卷)[M]. 孙周兴,译. 北京:商务印书馆,2002:699. 在该书的另一处,海德格尔这样写道"与中世纪、基督教时代相比,现代这个新时代的新特征在于人自发地靠自身的能力设法使自己对他在存在者整体中间的人之存在感到确信和可靠。"参见该书第765页。
② 海德格尔. 尼采(下卷)[M]. 孙周兴,译. 北京:商务印书馆,2002:761.
③ 杨祖陶. 德国古典哲学的逻辑进程[M]. 武汉:武汉大学出版社,2003:81.

性"进行了"批判"、对"我思"进行了反思和审视,康德认识到经验立场的局限性,将由笛卡尔经验立场的"我思"提升到了"先验自我",并深入地探讨了主体的先验认知结构。关于知识,康德认为必须是先天综合判断。他的"先验"存在于主体之中,但他强调知识开始于经验,所以,康德的"先验自我"是主体中与经验有关系的、只对经验有作用的认知结构,由此,康德把"先验自我"从主体中构建了起来,作为主体理性的认识能力;同时也将知识的内容和形式、实在性和可靠性分裂开来。康德将知识的内容赋予了经验世界以此确保知识的实在性;将知识的形式赋予了先验自我,从而确保了知识的普遍必然性。这样既解除了知识论危机,化解了经验论立场所带来的"怀疑论"和"独断论",又中和了经验论与唯理论的矛盾。康德认为形而上学的任务之一就是划定知识的"界限",使理性不至于混乱。

在康德看来,人类所能形成的知识与物自体无关,康德提出:"一切先验理念可以被分为三类:第一类包含思维主体之绝对(无条件)的统一;第二类包含诸现象之条件系列的绝对统一;第三类包含一般思维之所有对象的条件的绝对统一。"[1] 因此知识的来源有三,一是先天的、二是后天经验的、三是先验自我对于现象界的认识(先天综合判断),也就是客体只能以现象的形式存在于"先验自我"中,作为自我意识的认识对象。所以在康德哲学中,一个重要的任务就是实现"先验自我"对于现象界的认识。康德通过划分"先验自我"的认识界限,将客观世界分为现象界和物自体,而先验自我只能认识现象界。认识的质料是先验自我通过"时空"感性直观到的经验表象,而杂多表象进入到知性范畴中才能形成知识,先验自我的认识形式由感性的直观和知

---

[1] 康德. 纯粹理性批判 [M]. 邓晓芒,译. 北京:人民出版社,2004:264-265.

性的范畴共同形成，先验自我的统觉能力，能通过范畴将感性直观到的经验表象拉入先验图型中，在知性中进行综合统一形成知识，由此，康德保障了知识的必然性和普遍性，在认识领域中，康德完成了思维与存在的统一。但是，物自体则被康德限制在了"先验自我"之外，成了不能被认识的东西，即人通过先验自我能够清晰明确地认识表象世界而无法认识物自体世界。在康德看来，自我和现象界在同一个世界中，这个世界是对于人来说是可知的；而物自体在另一个世界中，那是对人来说是不可知的世界。所以，康德看似完成了主客二元对立到统一的任务，但他是以排除了概念世界（物自体）为代价的，并不是真正地完成了主客观统一，他只是部分地完成了主客观统一的任务。而且，在康德努力确保知识的普遍必然性、实现主客统一的同时，由于其把物自体放置在了不可知的领域中，反而造成了新的二元对立——自我与物自体的对立，他把自在之物排除在自我认识之外，将科学知识等同于哲学知识和客观本质世界割裂开来。

康德认为，虽然人们无法实现认识领域中理论理性的自由，但在道德领域却可以实现实践理性的自由。但是在康德哲学中，由于认识领域与实践领域是两个不同的世界，它们互不为谋，因此，康德依旧没有完成主、客观的根本统一。康德哲学中的主体虽然都是同一个主体，主体凭借的也都是同一个理性，但是由于"理性"的界限，却分别形成了两个不同的客观世界，它们之间不存在任何"融合"的可能。康德把无限、上帝和物自体都归为了"自在之物"，放置在了实践理性的领域；把现象界放置在了理论理性的领域。但由于"先验自我"的知性范畴，理论理性一旦作用于物自体所在的实践理性的领域必将造成"逻辑幻象"，所以理论理性不能在实践领域的世界里形成认识；而实践理性虽然能实现"自由意志"也只对道德律有效,因此只能形成"道德律令"也不能作用于认识现象世界。所以,这两个由同一个主体能动性建立起来的客观世界是两个截然不同的领域。无论是理论理性还是实践理性,在康德哲学中,人的理性始终是有"界限"的、并不具有无限的自由,而康德解决不了这个问题,主客体的分裂就不能得到最后的调和。也正是由于康德哲学中"自我意识"(理性)的这种根本局限,康德才无法实现主、客观的真正统一。

自康德以来,德国古典哲学一直延续着康德将"自我意识"作为哲学对象的传统。但是,随着理性的不断启蒙,仅仅在现象界中实现主、客统一并不可能满足人类的求知欲,而且单单在实践领域实现理性自由也不符合人们对于理性的追求和对自由的渴望。人类理性的发展促使主体性哲学必将走出康德"先验自我"的禁锢,走向真理。而康德之后的费希特所要面对的首要任务,就是整合康德哲学中的自我与物自体,实现主客观的统一。

4.1.2 费希特"绝对自我"中自我与非我的对立

在康德的先验哲学中,自我(主体)与外在物自体(客体)的二元分裂,是有其道理的。康德将自我意识看作"先验自我",确保了知识形式的必然确定性,将经验世界的现象作为知识的内容,确保了知识的实在性。费希特与康德关于哲学和知识的看法不同;他也强烈反对康德用"二元论"调和经验派与唯理派的做法。他认为,经验派只能走向"唯物论"、唯理派只能走向"唯心论",他们由于原则不同必然对立。费希特企图从主观唯心主义方面来克服康德的"二元论"。因此,费希特从康德的"先验自我"出发,改造了康德"自我意识的先验统

<<< 第4章 德国古典哲学中自我意识的形上演绎之路

一",探讨了人类理性的可能性,重新划定了哲学和知识的"界限"。

费希特反对康德将自我和物自体分裂的做法,也不赞同康德将知识仅仅看作是关于现象界的认识,费希特要将康德哲学的"物自体"纳入到了他的"知识学"中来。费希特认为,哲学即关于知识的科学,或"关于一般科学的科学"①,是"知识学"。所以,他的知识学原理是要适用并获得所有的知识,"阐明一切知识的可能性和有效性,按照知识的形式和内容指示根本原则的可能性,根本原则本身,并从而指出人的一切知识的内在联系"②。费希特通过贯彻彻底的唯心主义道路,将康德的"物自体"包含在了"自我"之中。费希特认为:"理智里面有着双重系列,存在的系列和注视的系列,即实在的系列和观念的系列;而理智的本质(理智是综合的)就在于双重系列的不可分割性。"③ 所以,意识存在时,意识自然能意识到它自己作为意识的存在;也就是能意识到就表示存在,而且这是同时发生、不可分割的,实在和观念都包含在同一个意识中,就是自我意识,也只有在自我意识中思维和存在才是一致的。因此,自我意识才是知识学的第一原理,真正的出发点。而"绝对的主体、自我不是通过经验直观给予的,而是通过理智直观设定的"④。在这个意义上,康德的"物自体"就成了"无价值的东西",费希特认为,本来就是通过感觉得到的"物自体"却需要感觉去论证是可笑的,也就是,物自体通过自我意识被意识到才能说它是存在的,而一旦在意识中,就无法在"我"之外了。因此,费希特哲学中就没有了"物自体"和经验表象之分,所有的东西都是由自我设定产生的

---

① 费希特. 费希特著作选集(第一卷)[M]. 莱比锡:费利克斯·迈纳出版社,1912:174.
② 黑格尔. 哲学史讲演录(第四卷)[M]. 贺麟,译. 北京:商务印书馆,1978:312.
③ 费希特. 十八世纪末—十九世纪初德国哲学[M]. 北京:商务印书馆,1975:195.
④ 费希特. 费希特著作选集(第一卷)[M]. 北京:商务印书馆,1990:428.

"意识"的对象。由此，费希特的"自我"就成为一切的基础，将康德的"二元论"哲学整合在了一起，同一个"绝对自我"能同时作用于理论和实践领域。

康德哲学中由于先验自我具有经验局限性，对于"思维"与"存在"的统一完成的并不彻底，费希特认为不应将自我意识事实作为知识学的基础，而是将自我意识的活动作为知识学的关键。在费希特看来，所有的知识都是开始于经验，但经验也是人类必然性的感觉，凡是意识到的东西必然存在。"绝对自我"能实现自我与非我的统一，能完全完成对包括物自体在内的所有客观质料的认识，费希特提出，所有出现在意识中的东西都可以被认为是"实在"的东西。不管是康德哲学中的现象界还是物自体，对于"绝对自我"来说，都是"我"由于"外来刺激"而产生的认识对象，知识学"对象实际上是作为一个实在的东西出现在意识里的，但不是作为一个物自身，而是作为自我自身"[1]，而自我就是其所是的东西，只能通过它的对立面——非我来实现认识，自我由于非我的限制而实现认识，也就是一切"知识"的形式都源于"绝对自我"。"自我设定自我"（正题）与"自我设定非我"（反题）是同时产生的，它们通过相互作用，最终又统一于"绝对自我"（合题）。所以所有的一切都成了自我意识的产物，而"绝对自我"的能动作用才是真正解释经验的根据，这种原始行动能够在自我与非我的"对设"活动中产生一切表象，实现经验感觉与表象体系统一，最终形成知识。由此，费希特完成了思维与存在的统一，但显然这种统一是在绝对自我中完成的。

费希特的"绝对自我"强调的是自我绝对的、原始的行动（设定）

---

[1] 费希特. 十八世纪末—十九世纪初德国哲学[M]. 北京：商务印书馆，1975：188.

能力，而"绝对自我"本身具有主客的矛盾和对立。在费希特的知识学活动中，主体在感性世界的对象化无法完整地体现主体"绝对自由的、并且自己规定自己的"能动性，只能部分反映主体的自由能动性，也就是物质客体所体现的只是"受到阻碍的能动性"①，在绝对自我的运动中，自我设定自我的同时设定了与自我相对立的非我，来提供这种"阻碍的能动性"，自我和非我相互运动、最后统一于绝对自我，如此才实现了确立自我（绝对自我）并得到真正的知识。费希特的知识学体系由两部分构成：以理论自我为基础的理论知识学、以实践自我为基础的实践知识学；这两部分是一个完整有机体。理论自我，是绝对自我认识非我、从客观到主观的过程；实践自我，是绝对自我改造非我、从主观到客观的过程。理论自我与实践自我是交互的关系，它们活动的"量"是一定的，都来自"自我"，因此自我可以看作是无限的活动，但同时"当它将部分活动让渡给非我时，它就在量上不完全了，因此，它又是有限的活动"②，而非我是依靠自我"让渡"给它的"量"在运动，在费希特哲学中，自我和非我要通过相互对立、相互限制才能引申出知识的内容和对象的表象。自我与非我由同一个"自我"产生，由于彼此对立而产生创造活动，最后又统一于同一个"自我"中，显然，绝对自我本身就包含了主客的对立。

费希特扩大了人类理性的认识范围，认为哲学就是知识学，将知识涵盖了方方面面；他也的确完成了主客统一，只是他用自我所设定的"非我"取代了一切客体，并用绝对自我统一了自我与非我，把一切都归到了自我之中，形成了"唯我论"。所以，他所实现的"主客统一"

---

① 费希特.自然法权基础［M］.谢地坤，程志民，译.北京：商务印书馆，2004：33.
② 费希特.全部知识学基础［M］.王玖兴，译.北京：商务印书馆，2016：9.

符合他的知识学原理也符合他的主体性形而上学建构的原则和逻辑，但却不符合知识的本性；"绝对自我"作为费希特为知识学所找到的根据，却恰恰使他背离了知识本性。由此哲学必须跳出主观主义局限，重新从"知识"本身出发，而这是由谢林完成的。

4.1.3　谢林"绝对"统摄之下的"自我"与自然的同一

在谢林看来，知识不能建立在"自我"之中，费希特认为他完满地解释了经验感觉和表象体系的一致性，但谢林认为，并不是我们的意识规定了事物的存在，恰恰相反，正是由于事物本身就具有不可变更的规定性，"我们的表象才间接地被规定了"[①]，科学和经验、知识和真理才得以可能。费希特将非我作为自我所创造的、依靠自我而产生的做法，正是抽掉了科学知识的根据和前提。

谢林认为，知识是超越主客观的"绝对"的内容，知识的根据不能只是主观的，不包含客观。即使费希特完成了思维与存在的统一，他所完成的也不过是主观化的统一假象，所得到的知识学原理也背离了知识的本性。而想得到真理知识既不能用主观统一客观也不能用客观统一主观，谢林在《先验唯心论体系》的开篇中指出："一切知识都以客观东西和主观东西的一致为基础。因为人们认识的只是真实的东西；而真理普遍认定是在于表象同其对象一致。"[②] 所以，知识既不是主观也不是客观，主观和客观只是知识的两个不同的样态，知识是主客观一致的"会合"活动，谢林认为在主客观之上还有一个东西——"绝对"，而知识就是"绝对"的内容，主客观都在绝对的统摄之下。在谢林看来，

[①]　杨祖陶. 德国古典哲学的逻辑进程 [M]. 武汉：武汉大学出版社，2003：151.
[②]　谢林. 先验唯心论体系 [M]. 梁志学，石泉，译. 北京：商务印书馆，1976：6.

<<< 第4章 德国古典哲学中自我意识的形上演绎之路

哲学是最高知识的"真理"之学,是最高的知识;而科学作为客观理性无非就是囿于自然物质世界之中的"绝对"而已,是隶属于哲学之下的。哲学包含着自然哲学和先验哲学两部分,自然哲学的任务就是"把自然规律精神化为理智规律……从实在论中得出唯心论"①;先验哲学的任务就是,把自我"作为第一位和绝对的东西,从主观的东西出发,使客观的东西从主观的东西里面产生出来"②。谢林哲学中的"绝对"不是存在论意义上的"存在",而是超验的"理念"或"精神"或"理性"或"上帝",谢林实现了知识论立场的转向。

在谢林之前,康德和费希特都是用主观统一客观来得到知识,他们都只是完成了自身哲学的逻辑自洽,并没有完成真正的主客观统一。谢林强调:"主体和客体之间(根本)不可能存在什么量的差别以外的差别,……两者之间任何质的差别都是不可设想的。"③ 因此,在谢林哲学中,主体和客体是"同一"的,只具有"量"的差别,也就是只有形式或样态上的不同,自然中"绝对同一"本身具有一种无意识的"力"会产生一种对立的"两极性",而这种自然中的两极对立能产生出千差万别的自然现象,也因此被看作是自然学说的第一原理。这种两极性相当于费希特哲学中的"正题"和"反题",不同的是,谢林强调"合题"要去"无意识的理智"中找,而不是像费希特一样去"意识"中找。谢林的自然哲学是按照等级发展的过程,高级的存在物就是低级存在物的"合题",人也是这个过程中的一个环节,也是其中一个"合题"。自然万物都遵循"绝对同一"的宇宙精神,他将自然中的物质、

---

① 谢林.先验唯心论体系[M].梁志学,石泉,译.北京:商务印书馆,1976:18.
② 谢林.先验唯心论体系[M].梁志学,石泉,译.北京:商务印书馆,1976:9.
③ Friedrich Schelling. Zweiter hauptband: Schriften zur Naturphilosophie (1799—1801) [M]. München: München Presse, 1965: 19.

149

光和生命力看作"正、反、合"的关系,自然界就是一个有生命的整体,而人则是自然中的最高"次级"。所以自然中的一切都不是绝对静止的,都是有生命的、运动的、在"两极"中震荡的,从"同一"开始又结束于"同一"。谢林打破了康德和费希特仅从主体能动性来探讨主客统一的片面性,将自然也做了能动性的说明,为辩证思维的形成、主客的辩证统一奠定了基础。谢林哲学除了自然哲学之外还有先验哲学的部分,是关于"有意识的理智",出发点与费希特的"绝对自我"相同,从有意识的自我引申出无意识的自然,由此谢林从"绝对同一"出发,以发展的观点,论证了主体和客体的同一。

在康德哲学中,先验自我作为理论出发的原点,是具有普遍必然的主观认识形式,但是却不具有任何的客观内容,康德把自我与物自体完全割裂开来;费希特把所有客观内容取消,成了绝对自我所给予的内容,在绝对自我内部实现主客观的对立统一,绝对自我是统摄一切的纯粹先验活动,而当一切知识都源发于主观之中,就必然以失去事物本身的客观内容作为代价。谢林认为,自然哲学是"绝对"由无意识到有意识的发展阶段;先验哲学则是"绝对"在人类自我意识中的演绎,是自我意识的发展阶段。自然哲学与先验哲学只是"绝对"发展的不同阶段,人是自然有机体整体中的一部分,自我意识作为同一哲学体系中的一部分,是自然发展到绝对中的"最高次级",所以谢林认为可以"把全部哲学陈述为自我意识不断进展的历史"[①]。他强调,自然并不是完全"死"的物化自然,而是"僵化的理智",也就是谢林要使自然"人化",向理智进展,谢林称自然是"思想形式系统的外在存在方式,

---

① 谢林. 先验唯心论体系 [M]. 梁志学, 石泉, 译. 北京: 商务印书馆, 2016: 3.

正如精神乃是同一思想形式系统采取意识形式的存在"①。自然哲学就是"绝对"在自然界中的演绎，人认识自然的过程就是认识绝对的过程，这个"绝对"既在自然中又在人的理性中。所以，自我意识本身具有主客观的"原始同一性"，因此谢林哲学与康德和费希特哲学最大的不同，就是使自我意识中包含了客观内容。

谢林把"绝对同一"作为知识学的根据，用"绝对"统摄了自然哲学和先验哲学、主体与客体、思维与存在；运用思辨原则把人类认识从费希特哲学纯粹的主观主义限制中解救出来，将人类理性推向了新的高度，实现了主客观无差别的同一。不可否认，谢林把主客统一的方法诉诸于思辨哲学是一个巨大的思想进步，人类思维至此开始了由知性向理性的过渡。但是，谢林认为在知识论立场上这种"绝对同一"就应该是其所是的东西，是不证自明的，"绝对"只能通过自我意识的"直观"获得，因此谢林哲学充满了神秘性和非逻辑性。而"绝对"内容的逻辑化是由黑格尔实现的，黑格尔最终完成了主客观的真正统一，使人类理性的发展达到了顶峰。

4.1.4 黑格尔"绝对精神"中主观与客观的辩证统一

黑格尔反对康德在认识之前先研究人类理性认识能力的"先验方法"，更不满意康德对于现象界和本体界的划分，他认为物自体是最容易认识的，其不过是"思维的产物"，只是"自我意识"将自我概念与物自体混淆了而产生的，用黑格尔自己的话说就是，"空虚自我把它自己本身的空虚的同一性当作对象，因此形成物自体的观念。……其实，

---

① 黑格尔. 小逻辑[M]. 贺麟, 译. 北京：商务印书馆, 1980：362-363.

再也没有比物自体更容易知道的东西"①；黑格尔同时也批判了费希特"绝对自我"的主观局限，提出费希特在其哲学体系里只是用"外来刺激"代替了康德的"物自体"；而对于谢林的"绝对同一"，他认为谢林"丢掉了逻辑的东西和思维"②，黑格尔指出，谢林最大的问题就是使概念和直观的统一性出现在了"直观"中，而不是出现在概念里。③他指出："作为自然与精神的共同基础的不是非理性的宇宙精神，而应当是'理性的'、'逻辑的'宇宙精神。"④

　　黑格尔把谢林静态的知识学体系发展为了动态的辩证体系。在黑格尔看来，客体不是主观的对立的存在，而是认识过程中产生的从概念内部所设定的环节，是主体自身所具有的本质，是一种自在自为的存在，也就是概念本身具有的简单性与差别；而精神的发展就依靠着自身内部自我否定的矛盾性。意识以主客对立形式进行活动，也就是以能动性为基础、以"逻辑概念"为规律的活动。意识在进行认识的过程中，认识的形式是一种空洞无内容的东西，全部真实的内容则在"认识的对象"之中，以一种在认识以外的"自在"的形态出现，当意识认识一个对象的时候就会意识到这种矛盾，就要改变"对象的知识"以符合对象，可一旦改变知识就又超出了意识之外，于是意识又改变"认识的对象"，那么就出现了新的对象；新的对象一旦出现意识就又一次改变了知识……就这样呈现出一系列不断上升的主客对立关系，也就是一种主客对立形式取消了，而另一种新的主客对立形式又形成了。正是在这个过程中，意识本身在与其对象的相互作用中变得丰富了，它的知识

---

① 黑格尔. 小逻辑 [M]. 贺麟, 译. 北京：商务印书馆, 1980：125-126.
② 黑格尔. 哲学史讲演录（第四卷）[M]. 贺麟, 译. 北京：商务印书馆, 1978：371.
③ 黑格尔. 哲学史讲演录（第四卷）[M]. 贺麟, 译. 北京：商务印书馆, 1978：370.
④ 杨祖陶. 德国古典哲学的逻辑进程 [M]. 武汉：武汉大学出版社, 2003：181.

<<< 第4章 德国古典哲学中自我意识的形上演绎之路

也变得深刻了，因此意识也呈现出了从低级向高级不断发展的趋势，"这条道路经过了意识与客体的关系的一切形式，而以科学的概念为其结果"①，直到发展到绝对知识，意识将脱离认识的形式与内容的纠缠，其本身就成了本质，认识和认识的对象至此合而为一，而之前那些意识所经历的矛盾、对立、同一等都是意识活动本身所必需的"经验"，显然经验也是人的意识所给予的，并不来源于外物和偶然。那么，意识发展的一切阶段和内容都在主体之内，所谓的新的对象也不过是"意识本身转化而变成的"②，是意识所理解的它经验中的东西，只是以"对象"的形式显现在了它自己的活动中，因此对象不过是意识的"显现"或是"现象"。自我意识既是主体又是对象，其意义就在于作为主体的自我本身包含了客体和对象。

自我意识对客观对象进行认识并最终实现对于自我之外物质的内容本质的认识的过程，就是通过不断否定自我、完善自我、确立自我的辩证运动所能得到的关于主体自我和客观对象统一的最高理念，成为"绝对知识"的过程；也是自我意识不断地自我否定、自我发展，形成一个螺旋式的、圆圈式的上升，最后达到某一高度，破除人类的感性和感官体验，达到纯粹的精神，成为"绝对精神"的过程。黑格尔认为："哲学知识的形式是属于纯思和概念的范围。就另一方面来看，……属于原始创造的和自身产生的精神所形成的世界，亦即属于意识所形成的外在和内心的世界。简言之，哲学的内容就是现实。"③ 所以，黑格尔的自我意识并不是单单指"对于自己本身的知识"，而是要通过在认识他物的过程中、在其他意识中来实现对自己的认识，因而"它超越、

---

① 黑格尔. 逻辑学（上卷）[M]. 贺麟, 译. 北京: 商务印书馆, 1974: 29.
② 黑格尔. 精神现象学（上卷）[M]. 贺麟, 译. 北京: 商务印书馆, 1979: 61.
③ 黑格尔. 小逻辑[M]. 贺麟, 译. 北京: 商务印书馆, 2015: 42.

扬弃了单个意识的主观个别性，而进入了意识和意识的关系（意识的自身关系）"①，进入到人与人的社会关系中。"绝对精神"意味着人类的意识则不再是停留在观察与认识世界的层面了，而是可以提高到创造与改变世界的层面，此时意识上升到理性。理性的逻辑思维使人类的意识达到了一个更高的层次，与事物中所蕴含的理念逻辑相同，意识到认识到的对象就是自我，客体就是主体。由此黑格尔实现了主客的辩证统一。

黑格尔强调了自我意识的辩证能动性，实现了理念的逻辑化，从而使自我意识不仅能发展到"绝对知识"阶段，还能达到"绝对精神"进而实现理念和现实的统一。黑格尔通过论证自我意识的发展过程回答了近代以来"思维与存在的关系问题"，实现了真正的主客观统一，他把形而上学发展到了最高、成了一个真正完备的关于知识真理的哲学体系。

在德国古典哲学中，随着"自我意识"经历了从超越经验论立场但仍具有经验性的"先验自我"、到成为完全纯粹意识的"绝对自我"、再到知识学立场上逐渐将客观内容沉淀到自我之中的"自我意识"，最后到完全实现概念与客观性的辩证统一于自身的"绝对精神"；"主客关系"由现象界中的主客观统一逐步发展到现实与理念的辩证统一。显然，"自我意识"理论的发展是认识论和知识学发展的基础，其逻辑演进与"主客观统一"的进程相一致；而人类理性也正是在这个过程中，从经验层面提升到超验层面，从而实现了从仅能获得关于自然界的知识到能获得全部知识真理。

---

① 杨祖陶. 德国古典哲学的逻辑进程 [M]. 武汉：武汉大学出版社，2003：261.

4.2 自我意识与思维方式发展的演进逻辑

在德国古典哲学中，思维方式与自我意识之间的发展密切相关。近代无论是经验论还是唯理论都是知性的思维方式，这与他们的经验论立场直接相关。德国古典哲学由康德开始将哲学研究对象转向"理性"自身，用"先验自我"超越了"我思"的经验哲学立场，建立在原来经验"地基"之上的旧的知性思维开始松动，它开始突破自身，呈现了由康德的先验思维到黑格尔辩证思维的发展过程，正是在这个发展过程中，哲学也成就了自己的思维方式。

4.2.1 康德基于"先验自我"的先验思维方式

德国古典哲学的目的就是要将哲学打造成为具有真理性的知识论形而上学，在康德看来，之所以会造成理性的混乱陷入独断或怀疑，就在于知识的实在性与确定性无法同时保证，康德认为，知识开始于经验，也就是现实性由经验中获得，而确定性要在主体自身中寻找。因此他提出我们要对于获得知识的"理性"活动本身进行"批判"，也就是对自我意识本身进行审查。

康德在对人类纯粹理性的认识能力进行批判和审查之后，把先验方法的主体指向了人类理性认识的形式方面，由此，康德首先将知识和人类理性活动能力划定了"界限"，他认为，我们能形成知识的对象不是物自体本身，而是经验事物的杂多表象；我们实现认识的依据也不是形式逻辑，而是先验自我所具有的"既分析又综合"的先验演绎的反思能力（知性范畴）。知识开始于经验，也就是先验自我的知性能力能主动接受来自经验世界的表象，作为知识的内容，至此知识就具有了实在性；而康德通过"先验演绎"改进了形式逻辑得出了先验自我的十二个知性范畴，由此，先验的"时空"与"知性范畴"共同构成了主体实现知识认识的纯形式，保障了知识的确定性。康德在这四组十二个范畴中，有意识地使前两个相对立（前者是唯理论的基础、后者是经验论的基础），而在第三个范畴中得到综合，进而先天综合判断调和了经验论与唯理论。尽管康德本人没意识到他从客观上揭示出了概念和范畴的辩证本性与正、反、合的辩证关系，只是将这三个步骤看作知性认识形式的死板的规范程序，但却给了黑格尔很大启示。

在康德看来，形成知识的判断必须是哲学方法的"先天综合判断"，只有这样知识才会既具有实在性又具有确定性。以往的思维方式是在经验论立场的"经验反思"，是与经验论、唯理论和与之相对应的数学和自然科学的反思方式。在康德看来，科学知识虽然具有普遍必然性，但它仍然不是绝对知识，因为科学的思维模式是分析与综合，科学知识是与经验事物紧密关系的，注定了其得到的科学知识不具备真理的性质；且科学的普遍必然性并非是"第一性的"，而是由主体中先验认识形式的普遍性所决定的，所以科学知识只是关于现象的相对知识，而不是关于事物自身的真理性知识。所以，未来的形而上学不能按照自然科学的方法来建构，因为自然科学的方法经不起怀疑论的拷问；数学的方法虽然可靠，但却局限于先验的时空形式，从而不能对现象的内容形成知识。因此，康德提出未来的形而上学要建立在超越经验"我思"的"先验自我"的基础之上。康德提出自我意识具有"先验统觉"能力，能对表象进行加工、整理进而理解表象和表象之间以及表象内部诸要素之间的关系，从而得到"规律"和"知识"。所以，先验统觉（先验自我）是形成现象世界的先验根据，也是一切知识的最终来源，是主体所具有的形成知识的最重要的理性活动能力，体现了思维所具有的"既分析又综合"的知性能力。由此，康德确立了其形而上学建构的根基，即主体的先验性，并用先验反思的演绎方式论证了人类实现认识的方式。康德的"先验反思"超越了"经验反思"，是一种"先天综合演绎"。康德认为知识内容开始于经验，也就是先验自我得到的表象；形式来自先验自我提供的认识形式。一方面，经验成了先天综合判断成为可能的条件，以实在的内容充实了先天综合判断；另一方面，先天综合形式能把经验内容联结为一个整体，赋予它普遍必然性的意义，所以先天综合形式又使经验判断成了可能。就这样，康德在形而上学建构上首次完成了哲学对于科学的"超越"。

康德的先验演绎的反思方式只能认识事物表象，不能认识物自体，这是知性思维方式本身的缺陷所决定的。知性思维就是一种非此即彼的思维方式，只适用于认识经验事物的表象，它本身就具有认知局限，无法揭示事物表象背后所依据的内在本质是什么。黑格尔就曾深刻地指出了知性思维这一缺陷："表象思维的习惯可以称为一种物质的思维，一种偶然的意识，它完全沉浸在材料里，因而很难从物质里将它自身摆脱出来而同时还能独立存在。"[①] 康德自己也承认这种思维的局限性，他说："如正论是任何一种独断学说的总和，则反论并不是用以指反面的独断主张，而是指两种外表上独断的知识（正题和反题）之间的冲突，其中没有一种能比其他一种更有优越性叫我们来同意……在使用知性的

[①] 黑格尔. 精神现象学（上卷）[M]. 贺麟, 王玖兴, 译. 上海：上海世纪出版（集团），上海人民出版社, 2013: 91.

原理时，如我们不只是把我们的理性应用于经验的对象，而是冒险把那些原理扩张到经验的界限之外，那就会发生伪辩的学说"①，因此他将人类理性的认识界限划定在现象界。虽然，康德认为人类无法实现对物自体形成知识，超越认识"界限"只能得到"逻辑幻象"，但他却认为存在着一种作为"本源的直观"的"智性直观"，这是一种不同于只能作用于事物表象感性直观的知性直观。康德提出，在"智性直观"中，应用的并不是知性思维的原理，因为"质"的多样性被放置在一个从低级到高级的统一系统中，我们所面对的是一种特殊的多样性，不能从经验中来，不是知性提供的规律，所以不能用知性原理去进行综合把握，而是针对无限多样的"质"的统一而进行的"直观"。通过知性直观，自我意识可以超越时空的限制直接作用于物自体，实现对于物自体的认识。只是康德提出"智性直观"虽然存在，但却不是人类理性可以实现的。虽然康德的二元论哲学被后人所抛弃，但其"知性直观"的思想却被费希特、谢林等人批判性地接受并深入地发展开来，而知性思维由此有了进入理性的契机。

　　康德使自我意识具有了客观的认识形式，他在"先验自我"的基础上，用先验演绎的哲学方式确保了科学知识的普遍确定性，确立了德国古典哲学以"自我意识"为根据的形上体系的建构模式；他改进了经验的形式逻辑，使人类理性进入了先验的思维方式，提出知识内容（质料）要符合人类思维方式（形式），进而完成了哲学史认识论上的"哥白尼革命"，使哲学彻底摆脱了科学思维的束缚。但是，康德的先验反思仍然是知性思维，知性思维有其固有的缺陷，无法实现对于事物本身的认识，这也成了康德之后的哲学家要面对的难题。

---

① 康德. 纯粹理性批判[M]. 韦卓民, 译. 武汉：华中师范大学出版社, 2000：417.

<<< 第4章 德国古典哲学中自我意识的形上演绎之路

4.2.2 费希特基于"绝对自我"的"纯粹反思"思维方式

康德虽然通过"批判"发现了先验的认识形式，但康德的"先验自我"仍然离不开经验和表象，其所形成的是"先验反思"的思维方式，是通过科学何以可能反思到的知性范畴，还没有达到对于纯粹自我的反思。所以，康德的先验形而上学只能作为现象界的最高知识。费希特直接将康德认为人类理性不能具有的、可以直接作用于物自体的"智性直观"加到自我意识的能动性中，作为了绝对自我的原始行动，使自我意识摆脱了康德哲学"先验反思"的经验性，达到了纯粹理性反思的高度。

费希特认为康德之所以只能形成关于现象界的认识，在于康德所进行的是仍然是基于经验的先验反思，还不是纯粹的先验理性反思，所以，费希特要进入到没有任何经验内容的纯粹理性领域，对于自我意识的能动活动本身进行反思，从而在主体的自我意识之中确立知识学的最高原理。费希特说："批判的哲学的本质，就在于它建立了一个绝对无条件的和不能由任何更高的东西规定的绝对自我；而如果这种哲学从这条原理出发，始终如一地进行推理，那它就成为知识学了。……在批判的体系里，物是在我之中设定起来的东西。"① 他指出"我"（绝对自我）是第一性的东西，不管是经验表象还是物自体都成了对于绝对自我的"外来刺激"，所有的"存在"都变成了绝对自我的"意识"，所以费希特所形成的反思是以纯粹理性为对象展开的纯粹反思。由于费希特取消了一切经验性，其知识学的开端与康德所认为的知识开始于经验不同，他认为，知识学的基础应该是绝对确实的，但同时也是不能表象

---

① 费希特. 全部知识学的基础［M］. 王玖兴，译. 北京：商务印书馆，1986：37.

和思维的，就是一种纯粹的"在"，而想要得到这个纯粹的知识学开端，只能"对意识事实进行反思的剥离和纯化"①。

费希特的纯粹反思思维方式有两种形式，一是先验还原，就是指把经验规定从思维中分离出去，只剩下"自己本身绝对不能被思维掉的东西就是纯粹的"②，通过这种分离和抽象，最后纯粹的"我在"就在意识中呈现出来。另一种是自我循环，也就是通过预设一个基本原理，它的合理性可以由通过它得到的其他原理的正确性而间接地证明出来，费希特表明，"这是一个循环论证或圆圈，但这是一个不可避免的循环论证"③。费希特正是采取了这个方式，将逻辑规律的自明性作为普遍的经验事实，从"A＝A"通过六个命题论证了"自我设定自我"，以此来把握自我的本原行动的内在结构。"A＝A"作为一个公认的确定性命题，是一个纯粹的形式命题，表示一种必然逻辑关系 X；是一个"我"产生（设定）的判断"A＝X"；命题中有"我"，此时已从逻辑命题"A＝A"过渡到意识事实"我是我"；"A＝A"只具有形式上的一致性，"我是我"具有形式和内容上的一致性，费希特表明，"通过复杂的抽象和反思，我已经找到了作为意识事实的自我。但是，通过反思所得到的'我是'还是建立在意识事实基础上的，只具有事实的有效性，因为从'A 是 A'过渡到'我是我'是建立在严格的推论基础上的，前者是事实的，后者也是确实的。在这里，'我是'不是直接显露的"④。此时，"A＝A"即为意识中的"我是"；最后一个命题，是要说明"对

---

① 俞吾金，汪行福，王凤才，林晖，徐英瑾. 德国古典哲学 [M]. 北京：人民出版社，2009：222.
② 费希特. 全部知识学的基础 [M]. 王玖兴，译. 北京：商务印书馆，1986：7.
③ 费希特. 全部知识学的基础 [M]. 王玖兴，译. 北京：商务印书馆，1986：7.
④ 俞吾金，汪行福，王凤才，林晖，徐英瑾. 德国古典哲学 [M]. 北京：人民出版社，2009：224.

意识的反思，或一切经验意识已经预设了'我是'作为先决条件，但是'我在'并不直接显现在意识之中，因为它不是某种东西，而是产生某种东西的活动"①，因此"A = A"也可理解为"我设定我存在"，即为意识中的"我是"就是现实中的"我存在"，表现为自我的本原行动。本原行动不是被发现的意识事实，而是抽取意识事实后的纯粹自我的创造活动。他提出绝对自我可以用本原行动来实现自我与非我进行斗争，进而实现自我与非我的统一的辩证运动，也就是一切从"绝对自我"中来，一切又都复归到"绝对自我"中去。而"A = A"意味着思维活动的决定性作用，表示"我是"决定"我在"，能同时作用于认识和实践。费希特通过绝对自我纯粹反思的思维方式的确立，弥补了康德哲学中物自体与自我二分且自我意识无法形成对于物自体认识的不足，为知识的来源和判断奠定了本体论基础，将知识的实在性和确定性都包含在了自我意识之中。

但是，费希特的"纯粹反思"仍然是知性思维，他借用了形式逻辑的同一律、矛盾律和充足理由律得到了属于自己体系的认识范畴——实在性、否定性与限制性等，并将其作为了绝对自我内部完成自己的运动方式。费希特提出，哲学的系统性应由其本性所决定，不应该建立在其他学科的基础之上，也不应该借用别的材料和方法，哲学就应该是精神自身的运动，是关于纯粹理性的反思。费希特"自我设定自我"的行动从属于形式逻辑的同一律，是自我的认识过程中的"正题"，主体活动首先以自身为对象进行反思，表明一种"实在性"；通过反思自我在设定自我的同时也设定了一个与自我对立的非我来阻碍自我的行动，

---

① 俞吾金，汪行福，王凤才，林晖，徐英瑾. 德国古典哲学 [M]. 北京：人民出版社，2009：224.

161

这是一种"反设定",这第二次反思是自我活动中的"反题",表明一种"否定性";当自我设定了一个与自我对立的非我,就意味着自我设定了自身内部具有两个相互矛盾、相互制约的对立面,表明一种"限定性"。这种当自我受到非我限制的时候发生的反思活动,才是对外在东西的反思,这一过程也是"自我与非我的统一"的过程,是自我意识运动的"合题",是对意识活动的"再反思",是一种"纯粹反思"。显然,费希特思维方式具有辩证思维的雏形。费希特通过绝对自我的辩证运动实现了理性的认识和实践自由,而绝对自我的动力则来自其自身内部自我与非我的矛盾和对立。他并不是没有使用形式逻辑的范畴,而是将范畴作为绝对自我本身运动所产生的并用以规定绝对自我的运动方式,黑格尔认为,真正的哲学应是"一切都应该从自我推演出来,列举范畴的做法应该取消"[1]。费希特哲学虽然从自我出发,但他的自我内部具有主客矛盾,他也和康德一样是在主客对立中寻求着主客统一之路,这导致了他的思维依然是知性的二元思维。

费希特虽然将知识的实在性和确定性都包含在了"绝对自我"中,使自我意识具有了知性直观的能力,能在辩证运动中实现"纯粹反思",为人类思维的进阶做出了重要贡献;"马克思和恩格斯指出,费希特的自我意识是黑格尔的体系和绝对精神的基本构成要素之一"[2]。但不可忽视的是,费希特的"纯粹反思"思维方式也还只是知性思维,同样具有知性思维本身所固有的缺陷,不可能实现思维与存在的真正统一。

---

[1] 黑格尔. 哲学史讲演录(第四卷)[M]. 贺麟,译. 北京:商务印书馆,1978:314.
[2] 杨祖陶. 德国近代理性哲学和意志哲学的关系问题[J]. 哲学研究,1998(3):7-17.

4.2.3 谢林基于"绝对同一"的"理性直观"思维方式

费希特的知识学虽然超越了经验主体，进入了纯粹的先验主体之中构成了最高知识，但其"绝对自我"本身就包含了主客矛盾不是真正的"绝对"，其知识学对科学的超越仍没有走出"唯我论"的主体困境，致使费希特的哲学知识由于缺少客观性而背离了知识的本性。谢林提出要避免唯我论或怀疑论就不能从主观出发或是从客观出发，而是要从既不是主体也不是客体的真正绝对"一元"的自我意识本身出发，谢林主张，"一切知识都以客观东西和主观东西的一致为基础"[①]，最高的哲学知识必须要超出主观和客观两者之间非此即彼的存在论立场，转向"绝对同一"的知识学立场。

康德哲学是对经验表象进行认识，费希特是以自我意识的对象为认识质料；由于康德和费希特哲学的缺陷，谢林重新拷问了哲学的认识对象是什么，谢林知识学是对"绝对理性"本身进行认识，此时，哲学才真正进入"知识学"的思维方式，脱离了经验不断流逝的表象对自我的束缚，进而实现了由"绝对自我"向"绝对同一"的知识学转向。谢林强调认识绝对本身的方式和以往的认识方式不同，因为绝对是一种主客同一的"绝对理性"，其本身具有理性规律，且其能遵循自身的必然规律，在自然界中遵循从"同一"到对立、再把对立包含于自身中，并在自身中形成新的"同一"的循环往复、由低到高的发展的过程；在先验哲学中，就是自我意识本身的发展史。也就是自然哲学与先验哲学只是"绝对"统摄下的不同形态，"绝对"具有超越主客观的超验意义，其所具有的是超越自然科学物理观的"真理观"的规律，因此谢

[①] 谢林. 先验唯心论体系 [M]. 梁志学, 石泉, 译. 北京：商务印书馆, 1997: 6.

林认为，知识就是其所是的存在，真理就在于表象与其对象是一致的，我们的表象也与我们一致，所以自我意识实现认识的过程，就是"绝对"内容在自我意识中呈现的过程，只需自我意识的"直观"即可。谢林指出，"作哲学思考也是一种行动，但不是单单是一种行动，而同时也是这种行动中的一种持续的自我直观活动"[①]。这是一种以自我为对象，在自我之中发现知识产生的过程。在这个过程中，自我意识持续不断地进行直观活动，将客观之中的绝对内容保留下来，从而实现对"绝对"的认识。

谢林提出认识绝对只能依靠先验哲学思维方式——"理性直观"，"理智直观"是一种哲学特有的思维方式，即自我意识一旦开始直观活动，直观活动本身就会成为对象，也就是自我意识能发展到与直观的对象成为同一的东西。这意味着谢林要实现在自我意识中洞悉绝对的内容。谢林认为，如果自我只是理论自我或者只是实践自我，都不能实现"绝对同一"，因为不管是思维反思还是实践活动都是以主体与客体、观念性与实在性的对立为前提的，必然要遵从"两极性"规律，只有通过"理智直观"将"理论哲学"与"实践哲学"结合起来，才能克服反思与活动、观念与实在的二元化，进而达到"绝对同一"。"理智直观"与"感性直观"相比：相同的是，它们都是直接的知识，不需要任何证明、也不需要通过其他媒介来获得；不同的是，"理智直观"是完全自由的活动，"感性直观"不能表现为它对象的产生，所以存在着主体和客体的对立，但是"理智直观"活动的同时自己产生自己的对象，直观者与被直观者是同一的。谢林通过这种"理智直观"否定了观念和实在的二元论，指出费希特哲学中的自我与非我都来源于一个

---

① 谢林. 先验唯心论体系［M］. 梁志学, 石泉, 译. 北京：商务印书馆, 2006：11.

更高的"同一"并不是"绝对自我",并且一切对立也都消融在这种"同一"中。所以,谢林是用"绝对同一"和"理性直观"表明,自我与自我产生的自然界(客观世界)的无意识的精神是"同一"的,由此我们就部分地回到了我们由之而来的"绝对"去了。①

但是,由于谢林的知识学体系是一个静态的发展过程,"自我"与"绝对"是映射关系,他的整个哲学都被困在了"A = A"这个僵死的图示之中;他的思维方式仍旧是无法探究事物本身概念的知性思维方式,所以谢林认为"绝对"的内容具有神秘性和非理性。他本身也意识到这一点,因此谢林强调说不是每个人都能进行哲学思维。他总结自己的体系说:"整个体系都是处于两个顶端之间,一个顶端以理智直观为标志,另一个顶端以美感直观为标志。对于哲学家来说是理智直观的活动,对于他的对象来说则是美感直观。"② 谢林把认识归结为自我的直观,把理智无意识地进行原始的、必然的创造活动所经历的过程作为认识的关键,当自我意识能意识到自己与意识的对象是同一的才能实现认识,进而对绝对的认识成了自我意识自己深入到自己无意识的原始中去的神秘过程。谢林称这种直观是一种精神的"艺术感",不是任何意识都可以通过"直观"得到的,谢林认为只有哲学天才或是艺术家才具有这种高度发展的意识,艺术家能通过欣赏或创造把人自身的有意识由无意识表现出来。自我意识只有在"审美直观"中才是完全自由的,因为在进行认识的"直观"活动中,自我意识中依然有主体和客体的对立;只有在艺术活动中,自我意识才具有行动和创造中的无意识事物与有意识事物的原始同一性,从而能"直观"到绝对的内容。也就是

---

① 杨祖陶. 德国古典哲学的逻辑进程 [M]. 武汉:武汉大学出版社,2003:171.
② 谢林. 先验唯心论体系 [M]. 梁志学,石泉,译. 北京:商务印书馆,1977:268.

自我（精神）与自然可以通过"艺术直观"实现同一，人能在艺术的直观活动中实现对自己本质的认识。所以，谢林认为"绝对"的内容只能通过天才刹那间所得到的"天启"或者通过艺术家的"艺术直观"来把握。显然，这种"理性直观"的思维方式并不符合逻辑性，无法建构起真正的知识体系。

谢林的"同一哲学"作为德国古典哲学发展历程中的重要环节，实现了形而上学体系建构中由存在论立场向知识论立场的转向。在谢林哲学中，自我与自然成了"绝对"统摄下的两个不同形态，至此，自我意识具有了客观内容，能将"绝对"引入自身之中，并形成"理智直观"的思维方式。谢林第一次使哲学与真理知识的目的实现了同一，但是他没有意识到自我意识的发展不是静态的"绝对同一"，一个完整的哲学体系也不应该处于"两个顶端之间"，谢林知性的思维方式注定不能实现对于真理概念的认识。

4.2.4 黑格尔基于"绝对精神"的辩证思维方式

黑格尔将自我意识看作是一个动态的意识辩证运动的过程，其本身就包含着概念与客观性的统一。他坚持哲学应该是对理念客观内容有效的真理认识，而不是对知性概念的主观抽象和分析、概括；他认为哲学的任务就是要使理性达到对于真理知识的认识，建立一个完整的关于真理知识的形上体系。因此黑格尔反对一切旧形而上学和科学所依赖的知性思维方式。

黑格尔对于知性思维的定义和批判主要是认为其是在知性层面的"反思"，它是以经验表象作为思考的对象，以形式逻辑作为认识工具，获得事物表象和表象之间的外在的、抽象规定性知识的思维方式。知性

第4章 德国古典哲学中自我意识的形上演绎之路

思维虽然也能够认识事物,但却存在着两个致命的"先天"缺陷:一是,知性思维所思考的对象是事物的表象,这些经验表象的存在状态是不断变化、辗转即逝的,没有固定不变的表象。而当知性试图对一个处于不断流变的表象进行判断时,只能将变动的表象假设为固定的表象,经验的个别性、孤立性、外在性会导致知性永远无法进入事物的"内部"来揭示事物自身的本质内容。这样的判断便难逃"独断"和"假设"其判断对象的逻辑宿命,"一切科学方法总是基于直接的事实,给予的材料,或权宜的假设"①。同时,知性思维基于经验所形成的表象与表象之间的关系远离事物内容本身,这些"联系"只是外在的和偶然的。二是,知性思维所使用的判断方式是形式逻辑,即主谓结构的判断形式。在形式逻辑中,主词和谓词均为抽象的概念,所做的判断是关于概念与概念之间所包含的逻辑关系,与概念的具体内容无关,"这些谓词都是有限制的知性概念,只能表示一种限制,而不能表达真理"②。如果我们要达到对于真理知识的认识,就不能继续使用形式逻辑判断和知性思维,因为当主词本身是包含了事物本身内容的概念时,做判断的谓词继续使用形式逻辑中的抽象知性概念,就会产生知性抽象谓词和理性具体主词之间的矛盾。

黑格尔认为必须超越知性思维而进展到辩证思维方式,由依赖事物表象的思维方式提升到切入事物内容的"反思"思维方式,如此,哲学才可以对于事物本身形成真理性的认识。"反思"作为黑格尔哲学所特有的思维方式,它本身的含义是非常清晰和明确的,就是指辩证思维,黑格尔在《小逻辑》里曾多次有过比较明确的表述,如其在第9

---

① 黑格尔. 小逻辑 [M]. 贺麟, 译. 北京: 商务印书馆, 1980: 48.
② 黑格尔. 小逻辑 [M]. 贺麟, 译. 北京: 商务印书馆, 1980: 98.

节中说："凡是志在弥补这种缺陷以达到真正必然性的知识的反思就是思辨的思维，亦即真正的哲学思维。"① 我们对于事物的表象认识属于直接性的"对象性意识"，这只是认识过程的第一步，而通过表象达到对于事物内容的把握则需要另一种认识方式——"反思"。我们通过反思到的事物本身的"内容"已不再是直接性的经验表象，而是沉淀在主观意识中、被思维的主观形式而把握住的事物内容的"思想"了，于是，"反思"让事物的"内容"进入了主体的理性思维之中，而反思到的"内容"既是存在于事物之中的"事物的内容"，也是存在于主体思维之中的"思维的内容"，是主、客在"内容"达成的内在统一。于是，被反思到主体之中事物的内容成为"思想"，"思想"与存在于主体之中的纯粹思维形式不同，其包含事物内容于自身之中，具有思维的客观性，因此，黑格尔称之为"客观思想"，"反思以思想的本身为内容，力求思想自觉其为思想"②。这才是辩证思维方式，是一种主体基于对事物内容而进行"反思"的思维方式，以事物的内容本身作为思维对象。不难发现辩证的"反思"中包含着的主、客统一的内在结构，即作为存在于事物的"客观内容"，它是事物诸表象之中的本质、自在真理。同时，作为存在于主体思维之中的"客观内容"，它则是诸意识形态（思维形式）之中的理性内容、自为真理。"客观思想"就是主、客体之间基于"内容"而达成二者的统一，它既是事物按照它内容展开的事物自身的运动发展的法则，也是人类把握事物内容对其形成真理的认识的法则，"黑格尔认为，作为他的逻辑的对象的'纯粹思想'，即逻辑的范畴和概念乃是某种'客观思想'，它们不仅是主观思维的规

---

① 黑格尔. 小逻辑 [M]. 贺麟，译. 北京：商务印书馆，1980：118.
② 黑格尔. 小逻辑 [M]. 贺麟，译. 北京：商务印书馆，1980：39.

定，而且也是存在的规定，即外界事物的规定，它们是主观思维与客观存在两者的本质和基础"①。黑格尔的辩证思维方式便是本体论和认识论的内在统一。

黑格尔明确将这种"反思"思维方式确立为哲学的思维方式："哲学除了把表象转变成思想——当然，更进一步哲学还要把单纯的思想转变成概念——之外，没有别的工作。"② 在黑格尔的哲学中，"客观思想"就是被主体通过"反思"才可以把握到的事物本身的内容，它超越于知性思维的对于经验表象而进行的"反复思考"的思维方式。正是在这个意义上，孙正聿先生认为哲学的思维就是"反思"思维，并把"反思"解读为将"思维和存在的关系"作为对象反过来而思之。"反思是思维对存在的一种特殊关系，即思维把'思维和存在'的'统一'所构成的'思想'作为'问题'而进行'反思'的关系。正是思维对存在的这种反思关系，构成了人类思想的哲学维度，决定了哲学思维方式的根本特性。"③ 因此，"反思"便是对于无限、绝对、自由、精神以及上帝等理性对象的思维方式，它会透过事物的表象而通过事物自身，故我们可以称黑格尔的辩证法为关于事物内容的逻辑、事物本身运动发展的逻辑以及"朝向事物本身的逻辑"等等。

黑格尔通过"反思"在主客观之间建构起了内在统一的辩证结构，自我意识自身的运动就是概念与客观性辩证统一的过程，能完全将事物内容和逻辑沉淀到自身之中并通过自身的运动显现出来，黑格尔成功地突破了知性思维的局限，确立起能够通达事物内容本身、形成真理的辩证思维方式，从而实现了人类思维方式由知性向理性飞跃的"哲学革

---

① 杨祖陶. 康德黑格尔哲学研究 [M]. 武汉：武汉大学出版社，2001：275.
② 杨祖陶. 康德黑格尔哲学研究 [M]. 武汉：武汉大学出版社，2001：70.
③ 孙正聿. 反思：哲学的思维方式 [J]. 社会科学战线，2001（1）：46-52.

命"，从而让辩证思维获得了认识世界和解释世界的至上合法性，开启了一个全新诠释世界的时代。

"知性思维"与主体和客体之间的分离和二元世界有关，而"辩证思维"恰恰是在知性的基础之上完成了对其的超越，是关于事物内容的逻辑。正是由于自我意识不断地突破自身、将客观世界的真理包含于自身之中，实现了从康德哲学中只具有客观认识形式的"先验自我"发展到将逻辑与事物内容沉淀于自身的"绝对精神"；人类的思维方式才实现了由知性的"先验反思""纯粹反思"到具有辩证思维形式但不具有思辨内容的"理智直观"，最后上升为能依据辩证逻辑深入到事物本身来认识事物的理性"辩证反思"，这是由黑格尔最终确立起的人类理性层次上的高级思维方式。显然，在德国古典哲学中，由"知性思维"到"理性思维"的跃迁取决于自我意识的发展，自我意识与思维方式二者的逻辑演进具有同构性。

4.3 自我意识与真理观发展的演进逻辑

德国古典哲学的目的之一是打造起具有知识性或真理性样态的形而上学，哲学的任务不是形成科学的知识，而是志在形成超越科学的形上真理，让哲学成为真理之学是德国古典哲学家们的理想。希腊文"真理"一词包含否定前缀"不"和动词"被蒙蔽"[1]，也就是真理在于主、客观的一致，进而真理与自我意识中包含客观内容的程度直接相关，主体自我意识中包含客观性内容的程度决定着真理观发展的程度，

---

[1] 西方哲学史编写组. 西方哲学史 [M]. 北京：高等教育出版社，人民出版社，2012：50.

<<< 第4章 德国古典哲学中自我意识的形上演绎之路

所以，在自我意识的演进逻辑中蕴含着真理观的发展逻辑。

4.3.1 康德先验自我与真理的"逻辑幻象"

在康德之前人们探讨事物的定义与认识真理，都是通过形式逻辑的方法，虽然形式逻辑能保证思维与对象的一致性，但如果这个对象为经验表象，那么知识就会缺乏必然性，因为思维不会与流变的表象完全同一；而如果对象是概念的话，形式逻辑只能对概念或者概念之间的关系进行判断，对经验事物无效，也就是知识会缺乏实在性，也就是按照以往形式逻辑的方法思考，用已知的概念为认识对象，人们就无法形成新的知识。所以，康德将经验作为知识开始的同时考察了人类理性先天的认识能力，认为知识要依靠人类理性的"先天综合判断"来获得。

康德的"先验自我"是其真理观的基础。在康德的认识论中，知识的形成要依靠两部分，一是认识的质料，事物的表象即经验世界或者称为现象界；二是认识的形式，先验自我所提供的"时空""知性范畴"和"先验统觉"。先验自我参与了知识形成的全部过程，先验自我的感性直观与经验世界共同为知识对象提供了实在性和确定性，而先验的知性范畴和统觉能力为我们能得到新的知识提供了规范。康德指出："没有感性就没有对象对我们被给予出来，而没有知性就没有对象被思想。思想而无内容，是空洞的，直观而无概念，是盲目的。"[①] 人们在知性领域通过先验统觉对经验材料给予统一和综合能力，感性的经验材料经过知性的确定性的范畴、图示加以规范从而形成科学知识。由此，康德完成了从"思维符合对象"到"对象符合思维"的认识论史上的"哥白尼革命"。在康德之前，认识论都是人的认识形式符合认识对象，

---

① 康德. 纯粹理性批判 [M]. 韦卓民，译. 武汉：华中师范大学出版社，2000：92.

这种真理观可以称之为"外在反映论",如物理观的真理观,数学的真理观;而康德通过先验演绎,论证了认识对象要符合人的先天认识形式,从而将真理观转向了"内在符合论"。

　　康德哲学中的知识不能脱离经验领域,他明确指出,"我们的一切知识都从经验开始"①,所以先验自我想要跨越经验实现对于理性的对象灵魂、宇宙、上帝的认识是不可能的,因为先验自我没有内容,只是一种主体认识能力,内容要靠感性经验给予,所以知性无法实现直接对对象的认识,也就是知性不能跨越经验直接从自身出发形成直观。但是康德认为,"理性批判的任务不在于认识对象,而在于寻求关于认识的原则,认识的限度和范围,这样认识才不致超越范围"②。也就是,知性的任务就只是具有规范性而不具有构成性。科学知识是由主体的先天综合判断得到的,但也并不表示其完全与事物本身无关,它只是对于事物本身(物自体)无效,对于经验对象(现象界)有效。但是理性有着无限的追求,不满足于这样的知识状况,而由于它没有自己的认识工具,而是继续使用知性范畴,进而只能形成"逻辑幻象"。可见,康德的真理观只具有先验意义;康德"内在符合论"的真理观只是知性层面上的,只能用作在知性层面形成认识;康德在理性中是拒斥真理的,承认的只是真理的"幻象"。康德这种对于理性在认识领域"界限"的划定,一方面奠定了科学知识的基础,一方面敞开了现象界之外的领域,将人类理性的自由本质实现于道德领域之中,为伦理学和实践理论奠定了基础,进而通过"先验反思"为自由的普遍性找到了根据。在康德的道德领域中,"自由意志"与"先验自我"共同作用形成了"道

---

① 康德. 纯粹理性批判 [M]. 韦卓民,译. 武汉:华中师范大学出版社,2000:35.
② 黑格尔. 哲学史讲演录(第四卷)[M]. 贺麟,王太庆,译. 北京:商务印书馆,1983:291.

德律令"。康德提出："在全部造物中，人们所想要的和能够支配的一切也都只能作为手段来运用；只有人及连同人在内所有的有理性的造物才是自在的目的本身。"① 也就是，人的理性真正的作用是在道德领域，有理性的人才能具有不同于物的"他律"的"自律"；正因如此，人才能真正成为自由的人，实现人的本质。所以，康德认识领域的真理观局限，正是为了要在"彼岸世界"实现人类理性的真正自由。

康德以先验的形式，把近代以来的"外在反映论"真理观推进为了"内在符合论"真理观。但"先验自我"在认识领域只作为人类理性的认识形式，只存在于主观中，而与主体之外的客观事物无关，所以"先验自我"只具有知识形成所需的形式的规范性，并不具有内容的实在性，当然就更谈不上能否具有事物内容的客观性。正如黑格尔所说的："主观理性的自主，这种自主由于是抽象的和没有认识什么东西的，因而只是一种主观的确定性，没有客观的真理性。"② 由于康德的"先验自我"不具有客观内容，所以只能在理性中形成真理"幻象"。因此"真理"在康德哲学中只存在于"彼岸世界"。

4.3.2 费希特主观主义的"知识学"真理

在康德哲学中"真理"具有明显的局限性，在康德看来"物自体"并不是认识的对象，人类理性的自由只能在道德领域才能获得。费希特不认可康德的真理观，他要用"知识学"完成直观与概念、哲学真理与宗教真理的统一。费希特认为，哲学真理应该包括所有的知识，哲学就是知识学、是"科学的科学"。费希特认为康德的"先验自我"只是

---

① 康德. 实践理性批判 [M]. 邓晓芒，译. 北京：人民出版社，2001：352.
② 黑格尔. 哲学史讲演录（第四卷）[M]. 贺麟，王太庆，译. 北京：商务印书馆，1983：305.

确定了意识的普遍性，尚未达到意识的绝对性，进而使得"自在之物"被排除在了意识之外，无法得到真理知识。

　　费希特指出，从事实出发即为经验论，无法通向无限；从纯形式逻辑出发，只能如笛卡尔一样仅仅能证明精神实体存在。因此费希特提出应从具有更为纯粹的同一性、自决性和统一性的"绝对自我"出发，其不仅能提供认识的形式，也能成为认识的质料。费希特认为，"绝对自我"的活动是无限的，但自我的活动是有限的，因为它会受到非我的阻碍，自我与非我相互作用能产生"感觉"，这是一种无意识，自我通过想象力将感觉想象为"时空"的直观，所以"时空"不是像康德所认为的先天形式，而是由于自我无意识的想象力与客体一起产生的，但由于这个过程是无意识的，所以人们认为认识的客体在"我"之外产生，实际上客体只是想象力的知性活动将其在自我中凝聚起来，实体化了而已。所以并不存在康德哲学中经验表象和"物自体"之分，所谓的客体不过是主体由于自我的无限活动受到限制由想象力在自我中产生的，是自我活动通过范畴赋予了对象"概念"。费希特认为范畴也是由自我产生的，形成于自我内部，并不需要像康德一样借用形式逻辑的范畴表在自我之外进行分类排列，自我与非我的相互作用影响着自我与非我的有限与无限活动以及量的分配，进而引申出"限制性""因果性"等范畴。于是，费希特将一切都主观化了，他用"绝对自我"拆除了康德主、客观之间的界限，那么，真理只能向主观化方向发展，最高的真理样态就是知识学，"知识学从其内在本质来说是先验的，不是超验的，它不需要诉诸任何自我之外的东西来解释这个世界"[1]。所以，

---

[1] 俞吾金，汪行福，王凤才，林晖，徐英瑾. 德国古典哲学[M]. 北京：人民出版社，2009：239.

知识学就是直观与概念的统一，是主观化的最高真理。

费希特把"绝对自我"作为理性本体，看作是认识真理的基础，而每一个"合题"都表示知识的真理，人类全部知识的真理就是一个体系。绝对自我作为精神行动既存在于理智世界中又能在感性世界中展现自己，既能进行认识活动也能进行实践活动，而最终实现真理的是"绝对自我"的实践活动，实践自我实现对于真理的掌握过程就是自我克服非我限制的过程，"绝对自我"此时以实践理性出现，其具有规定非我的实践能力，能不断对非我的差异性进行规范和统一，即自我意识通过纯粹反思活动不断对作为主体的我和作为对象的我进行分析区分和综合统一，把理论理性不能结合的对立面结合起来，并返回"绝对自我"自身，从而完成自我追求无限真理（"至善"）的纯粹活动。在费希特哲学中，自由就在自我意识的本原活动中，道德也是自我的选择。所以，人的自由不需要像康德一样去"彼岸世界"寻找，"绝对自我"体现了人之为人的本质，费希特实现了认识活动与实践自由的创造活动的合一。费希特指出，"我完全是我自己的创造物"，"不是自然使人成为他所成为的人，而是人本身把他自己造成他将成为的人"；我是"我自己变成我的一切存在和现象的唯一源泉"[①]。由于理论理性和实践理性所进行的活动是同时产生的，并且由同一个"绝对自我"产生，同时又回归到同一个"绝对自我"，由此，费希特以"绝对自我"的一元形态所展示的两个世界克服了康德哲学的二元分裂问题，把康德分裂平行的形而上学体系整合起来，成了一个完整的知识学体系，实现了哲学真理与宗教真理的合一。在费希特后期的思想中，其虽然区分了人类理性的两种能力，一方面是在感性世界对思维和存在的把握，一方面是在

---

① 高清海. 重提德国古典哲学的人性理论[J]. 学术月刊，2002（10）：9-13.

超感性世界对"上帝图像"的把握，但他的知识学仍旧是一个整体，他认为，现实的知识虽然只能在感性世界表现为"杂多的现象"，但这种"杂多"背后在超感性世界有唯一的、真正的依据，感性世界只是超感性世界的手段，"哲学具有一种特殊能力，能把握感性世界和超感性世界的联系"①。可见，不论是前期还是后期的费希特哲学，都表现为一种整体的"知识学"真理观。

绝对自我作为费希特知识学的最高原理，是自我的一种本原活动，在这个活动过程中，自我与非我相互作用产生出一切，但非我是由自我设定而来，其活动也是由自我"让渡"给予的，"自我本质上就是全部活动，非我的受动是由自我让渡给它的。自我在多大程度上把自己的活动让渡给非我，非我就在多大程度上是活动的，自我就在多大程度上是受动的"②。所以，这种自我的本原纯粹活动就是一种自我分化又统一的活动，"绝对自我"通过"纯粹反思"觉察到主体自我的存在同时设定了自我与非我，自我与自身等同又与自身对立，不论是认识活动还是实践活动，都是自我与非我的相互运动，它们也都是在自我的设定活动中进行的。费希特表明："自我通过自己的设定是自己的纯粹活动。——自我设定自身，而且它是'或它存在着'，而依靠这个由自己所作的单纯设定；相反，自我是'或自我存在着'，它设定它自身，而依靠它的单纯存在。"③也就是任何认识对象都不是由对于经验中的主体直观而来，而是由于"自我设定"而存在，因此费希特的"绝对自我"不管如何宣称自己的绝对本原性，都无法真正地实现确定性，只是一种主观的确

---

① 俞吾金，汪行福，王凤才，林晖，徐英瑾. 德国古典哲学 [M]. 北京：人民出版社，2009：243.
② 费希特. 全部知识学的基础 [M]. 王玖兴，译. 北京：商务印书馆，2016：9.
③ 费希特. 全部知识学的基础 [M]. 王玖兴，译. 北京：商务印书馆，1986：13.

信，诚如黑格尔所说:"那个根本原则所表明的就只是对它自身的绝对确信，并没有真理性。"① 他把客体完全淹没在主体中，走向了唯心主义的最高峰，其"知识学"由于缺少客观性并不具有真理性，进而费希特的真理观只能是先验的主观主义真理观。

费希特推进了康德"先验自我"的统一性为"绝对自我"的行动同一性，突破了康德哲学中的理性"界限"，认为真理应该是包括一切知识的"知识学"，他用自己的"知识学"克服了康德的"二元分裂"，这是费希特真理观上的进步；但是费希特的知识学是由主观构造的，所以他的知识学并不是真理。

4.3.3 谢林具有客观维度的"绝对同一"真理

费希特从"绝对自我"出发建构知识学体系，结果导致知识的客观内容的缺失，进而形成了主观主义真理观；谢林提出要形成符合知识本性的真理观，唯一的办法就是我们找到主客同一的"绝对"，在主观理性认识客观自然的"会合"活动中将"绝对"的内容沉淀在自我意识之中，并随着认识过程的不断深入最终达到从自我意识中引出"绝对"的全部客观内容，从而让先验哲学成为真正的以"绝对"为对象的知识论形而上学。谢林的真理观是在其构建"绝对同一"的知识学体系中形成的。

谢林"同一哲学"体系有三个重要原则：一是，哲学以"绝对理性"为对象；二是，"绝对"统摄着自然哲学和先验哲学，它们分别是"绝对"在自然界和自我意识之中的演绎，也是"绝对"呈现自身的两

---

① 黑格尔. 哲学史讲演录（第四卷）[M]. 贺麟，王太庆，译. 北京：商务印书馆，1983：313.

条路径。三是，人的主观精神中具有客观内容，自我意识具有原始同一性。谢林把"绝对"看作是显示自己永恒的形式，是"上帝"的自我直观，主客观的任何存在都只能被看作是"绝对"不同程度的变形，即"'绝对'不依赖于人的主观表象和客观对象而存在，而是超越并决定两者的'绝对理性'或'宇宙精神'"①。所以真理的获得应该从绝对无差别的主客同一性出发，谢林的"同一哲学"包含了两方面的内容，一个是自然哲学，一个是先验哲学，而知识和真理的产生就源于二者的"会合"活动。整个世界（包括自然界和精神）都可以看作是一个完整的有机体，自然哲学是真理在自然中的呈现自己的过程；先验哲学则是真理在自我意识中的呈现自己的过程。由于自然哲学与先验哲学的同一是一种原始而必然的"绝对"，所以我们获得真理的过程，就是"绝对"内容呈现的过程。自然哲学是从客观出发，把一切自然规律完全精神化为直观和思维的规律；而先验哲学则是从主观的东西出发，从主观的自我意识中引出客观的东西来。谢林提出："放置在有机化的机制中，因为只有全体和部分相互一体中的必然关系才可以称其为概念，所以概念就是有机体自身；它自身生成自身……这种有机体就不再是显相或我们观念中的对象，而原始且必然地自身统一、自身就是客体。"②所以自然和精神同时既是主体又是客体，并不能看作是我们观念中的对象。真理就是其所是的"绝对"本身。由于"无意识的宇宙精神能客观化于世界之中并人格化于自我之中"③，所以先验哲学的发展史就是"自我意识史"，真理就是"绝对"在自我意识中的沉淀。而对于真理

---

① 西方哲学史编写组．西方哲学史［M］．北京：高等教育出版社，人民出版社，2012：368.

② Friedrich Schelling. I deasfora Philosophy of Nature［M］. Cambridge：Cambridge University Press，1988：31.

③ 杨祖陶．康德黑格尔哲学研究［M］．武汉：武汉大学出版社，2001：171.

的获得的过程,就是自我意识回到自我意识中去认识自己的过程,自我意识对于"绝对"内容的获得只需要"直观"。自我意识在获得真理的过程中进行着理论活动、实践活动、和艺术活动,在实现真理的过程中,自我意识由低次级不断向高级次级发展,最终通过"理智直观"实现和理性的绝对同一,从而完成对于真理的认识。理论活动是"从现实世界过渡到思想世界"的活动,是解释主观如何认识客观并与其客观对象保持一致的问题,探讨的是"经验的可能性";实践活动是"从思想世界过渡到现实世界"的活动,解释客观世界如何因心理表象变化而变化,探讨的是意识的"客观实在性"问题;艺术活动是"思想"与事物内容实现同一的活动,自我意识能通过"创造性活动"实现与真理的同一。自我意识经过"理智直观",从而获得主客相一致的认识、并能使这种认识转化为意志的创造性活动,寓于客体(艺术品)之中,这就是自我意识的无限直观的过程,自我意识本身就包含了主客观的原始同一。

虽然谢林转变了真理观的视域,在知识学立场上探讨主客同一,进而让人类获得符合知识属性的真理成了可能。但是,谢林认为"自我"与真理(绝对内容)之间是静态的映射关系,进而造成了对于真理的获得只能依靠天才刹那间所得到的"天启"或者艺术家的"艺术直观";而由于知性思维无法得到关于事物概念本身的认识,这使得谢林哲学充满了神秘性。究其根本,谢林最大的问题,就在于他在一开始就预设了有那么一个"绝对"存在,也就是谢林一开始就预设了主客同一是真理,他的知识学从"绝对同一"开始又回到"绝对同一"中去,自我意识在认识过程中只是被当作了一个"直观"的载体,从而整个体系缺少了理性逻辑运动的过程,所以谢林哲学一方面落入了没有生命的知性思维"A=A"的僵死图示之中，一方面陷入了取消一切规范的非理性的神秘主义中。正如黑格尔所说的："谢林哲学的缺点在于一开始就提出来主观与客观的无差别点，这种同一性知识绝对地（抽象地）陈述出来，并没有证明它是真理。"[①]

谢林将费希特的主观主义真理观推进为了具有客观性的关于"绝对"的真理观，将哲学的研究视域转向了"绝对同一"的知识学领域，使自我意识具有了客观内容，是哲学史上人类理性发展的重要一环，谢林的"同一哲学"使得人类理性获得真理成了可能。但由于谢林的知识学体系是"映射"的静态结构，所以其所得的知识是不能发展的"僵死概念"，并不具有真理性。因此，黑格尔的任务就是不仅体现出真理的主客一致性，还要将真理放入动态的、发展的知识体系中。

4.3.4 黑格尔"绝对精神"中的"思辨理性真理观"

在黑格尔看来，谢林知识学虽然站在超验立场，但他抛弃了矛盾对立的转化，所以谢林的哲学也是一个缺乏真理性的静态形而上学，所得到的理念是不能发展的僵死的理念，不是真理。在黑格尔哲学中，"绝对精神"发展的过程就是人类理性不断冲破精神现象和精神形式的限制、不断接近"绝对理念"和真理的过程，意识发展的最后和最高阶段就是精神自我与哲学真理的合一。

从根本上讲，之前的哲学无法获得真理性的原因就在于意识在感性、知觉和知性的确定性这些阶段仍旧处于知性思维模式中，总在寻求一种静止的确定性。黑格尔指出："通常我们总是认为我们的表象与一

---

① 黑格尔. 哲学史讲演录（第四卷）[M]. 贺麟，王太庆，译. 北京：商务印书馆，1983：353.

<<< 第4章 德国古典哲学中自我意识的形上演绎之路

个对象相符合叫作真理。这说法预先假定有一个对象，我们的表象应与这个对象相符合。"[1] 但是表象是有流变性的，意识预设的对象显然不能与其完全一致，从而造成了我们意识所把握的"共相"的确定性只是我们自以为的确定性，并不具有真理性。所以，黑格尔认为必须超越知性思维而进展到辩证思维方式，由依赖事物表象的思维方式提升到切入事物内容的"反思"思维方式，如此，哲学才可以对于事物本身形成真理性的认识。黑格尔对于康德、费希特和谢林的超越就在于他的思辨哲学就是要形成关于人类的理性层次上的知识，即理性的、绝对的真理。黑格尔明确承认：思辨哲学的对象就是理念，哲学的任务就是获得真理。因此，表象思维与形式推理都不是实现真理的方式，只有把思想的"自由沉入内容，让内容按照它自己的本性，即按照它自己的自身而自行运动，并从而考察这种运动"[2]，使思维以自身为对象进行"反思"，所形成的"全体的自由性"与"环节的必然性"相统一的"思辨思维"，才是真正的、哲学的、真理的思维。

黑格尔坚持以事物的内容本身作为思维的对象，他提出理性的对象不是事物表象，而是存在于表象之中的"内容"，因为"真理就是思想的内容与其自身的符合"[3]。而自我意识作为思辨反思的"承载者"，在实现真理的过程中起到了至关重要的作用：自我意识对于事物的表象进行认识，这是认识过程的第一步，属于直接性的"对象性意识"；自我意识通过思辨反思，得到事物本身的"内容"，此时已不再是直接性的经验表象，而是沉淀在主观意识中、被思维的主观形式而把握住的事物

---

[1] 黑格尔. 小逻辑 [M]. 贺麟，译. 北京：商务印书馆，1980：86.
[2] 黑格尔. 精神现象学（上卷）[M]. 贺麟，王玖兴，译. 北京：商务印书馆，1979：40.
[3] 芬克. 黑格尔〈精神现象学〉的现象学阐释 [M]. 贾红雨，等译. 上海：书店出版社，2011：86.

内容的"思想",也就是"思辨反思"让反思到的内容既是存在于事物之中的"事物的内容",也实现了让事物的内容进入了主体的理性思维之中,成了存在于主体思维之中的"思维的内容"。在实现真理的过程中,自我意识与代表事物内容的最高概念——"理念"具有相同逻辑,都遵循逻辑的辩证运动法则和哲学的必然性,所以想要实现真理,就要让思维"按照它自己的自身而自行运动,并从而考察这种运动"并"认识到思维自身的本性即是辩证法"①。由此,黑格尔形成了哲学与真理的方法论上的统一。这个"方法"就是自我意识自觉地进行自我展开、肯定自己、否定自己、发展自己、完善自己的螺旋式上升的"正、反、合"辩证运动,使自己的概念内容不断地沉淀在自我的自觉运动之中的过程,当自我意识在自我开展的辩证运动中成为"绝对精神",进而实现思维所蕴含的全部内容与事物本身内容相统一时,哲学与真理就实现了合一。

哲学的真理并不是只存在于认识领域和精神运动中,通过"对思想的思想"而实现"个体理性"与"普遍理性"的"辩证融合",使每个人"尊敬他自己"并从而"配得上最高尚的东西",也就是以真理构成人的"现实自我意识",这才是哲学的根本性的神圣使命。对黑格尔来说,"个体是自在的又是自为的:他是自为的,这也就是说,他是一个自由的行动";"有什么样的行为就有什么样的人";"劳动陶冶事物……在陶冶事物的劳动中则为存在成为他自己固有的了"。② 因此真理或理念是发展的,是从自在(潜在)到自为(现实)的生成发展的过程。"关于真理"的哲学,并不只是对认识论所说的"真理"的认

---

① 黑格尔. 精神现象学(上卷)[M]. 贺麟,王玖兴,译. 北京:商务印书馆,1979:40.
② 高清海. 重提德国古典哲学的人性理论[J]. 学术月刊,2002(10):9-13.(详见:黑格尔. 精神现象学(上卷)[M]. 北京:商务印书馆,1962,"自我意识"一章.)

同，而且是对人的"价值"的认同，是对人的"存在"意义的认同，是对人自由本质的实现。也就是，不论当我们把感觉到的对象形成普遍的认识，或者是使现实的行为受到现世的裁断，都要依靠"思维的理智"。黑格尔指出："神仅仅在精神之中，并不在彼岸，而是个人内心深处所固有的。纯粹的思维也是一种内在的东西；它也接近那自在自为的存在者，并且发现自己有权利去把握那自在自为的存在者。"① 可见，黑格尔的"关于真理"的哲学，深层蕴含的是存在论、真理论和价值论的"三者一致"，深层指向的是人类存在的"现实自我意识"。②

在黑格尔看来，哲学史的发展就是真理自身的发展，看似存在着各种分歧的哲学体系实际上都是"真理的前进发展"，每一个哲学体系都是真理具体发展阶段的产物，虽然其中具有由主观有限性带来的非真理性但是在整体中却蕴含着客观真理的绝对性，只不过之前的每一个哲学体系都是从某一个原则出发来解释世界，所以难免由于片面性而被推翻，但推翻前一个体系的后一个体系并不是推翻了这个哲学的原则，而是推翻了其"至上性"，所以"全部哲学史是一个有必然性、有次序的进程，这一进程本身是合理的，为理念所规定的"③。真理本质上是具体的，是不同规定的统一，因而真理的发展过程就是从抽象到具体、从简单到复杂、从矛盾尚未揭露到矛盾被揭露、最后到矛盾达成统一的不断扬弃的运动。④ 哲学作为关于真理的科学，无非是"对于这种发展的

---

① 黑格尔. 哲学史讲演录（第四卷）[M]. 贺麟，王太庆，译. 北京：商务印书馆，1978：3.
② 孙正聿. 关于真理的哲学——黑格尔的哲学主题及其哲学史意义 [J]. 东南学术，2020（1）：61-76.
③ 黑格尔. 哲学史讲演录（第一卷）[M]. 贺麟，王太庆，译. 北京：三联书店，1959：40.
④ 杨祖陶. 德国古典哲学的逻辑进程 [M]. 武汉：武汉大学出版社，2003：282.

认识"，作为概念的思维，则就是"这种思维的发展"本身。① 在黑格尔哲学中，人类自我意识的发展就是获得真理的"这种思维的发展"，而"绝对精神"作为概念的思维和"现实自我意识"，就能达到自我认识的目的，实现思维与存在的绝对同一；而从他提出的哲学史就是真理这个观点来说，他的哲学体系作为德国古典哲学最后出现的哲学，当然就是真理的最高形态。

黑格尔用思辨反思超越了以往的知性真理观，实现了由思维与对象相符合的"外在真理观"向事物与其内容在自我意识中相符合的"内在真理观"的转变，实现了哲学与真理的统一。黑格尔把哲学定位为"关于真理的科学"，并把关于真理的科学定位为"对思想的思想"，从而构建了作为"思想的内涵逻辑"的宏大哲学体系。

知性的真理观是思维与对象同一，也就是强调我们的表象与一个对象相符合，但这种符合就要预先假设一个对象；而辩证思维方式的"真理观"则是让事物与其内容或概念相符合。康德的"先验自我"使得变动的表象与不变的认识形式相符合是真理观的第一次变革；费希特的"绝对自我"将变动的表象也作为自我意识的产物，他与康德一样使得知识完全统摄在主体的自我之中，结果必然会使真理失去了应有的客观性；随着谢林将客观事物部分沉淀到自我意识之中，真理观就由思维与对象相符合的"外在真理观"发生了转变，直到黑格尔将自我意识发展到"绝对精神"，完全实现了将事物的形式和内容都沉淀到自我意识之中，才完成了事物与其内容相符合的"内在真理观"的确立，哲学与真理才得以真正完成统一。可见，德国古典哲学真理观的发展与

---

① 黑格尔. 哲学史讲演录（第一卷）[M]. 贺麟，王太庆，译. 北京：三联书店，1959：32.

自我意识的逻辑演进之间具有同构性。

4.4 自我意识与历史观建构的演进逻辑

人类历史的发展，是一个不断进步的、理性逻辑发展的过程，是一个不断自我实现的过程。在近代启蒙中，哲学有着对于人类尘世获取自由和解放的承诺，这其中蕴含着历史观建构的内在诉求，但近代哲学中历史观却并不"在场"。德国古典哲学历史观的形成与人的主体性发展密切相关，人类文明的发展历史就是一部主体自我意识自身的成长史，德国古典哲学在对理性启蒙的回答中蕴含着历史观建构的逻辑。德国古典哲学正是在自我意识的演进逻辑中生成了历史观的发展与逻辑走向。

4.4.1 康德的先验自我与"历史目的论"

在康德哲学中，先验自我能运用反思判断力形成审美目的论沟通"自然"和"自由"，还可以形成历史目的论，因为"历史"与审美的作用一样，也是康德用来沟通认识与自由之间矛盾的桥梁。康德认为，人类历史会朝向一个目的前进，这个目的不是上帝规定的目的，而是人类自身的客观理性目的；不是指个人对于善和道德的追求，而是人类的本性中具有驱使人克服惰性、发展自己的潜能，在善和恶的斗争中，能使人建立起对理性、自由、善和道德的信念。

在《世界公民观点之下的普遍历史观念》一文的开头，康德说："无论人们根据形而上学的观点，对于意志自由可以形成怎么样的一种概念，然而它那表现，亦即人类的行为，却正如任何别的自然事件一样，总是被普遍的自然律所决定的。历史学是从事于叙述这些表现的；不管它们的原因可能多么地隐蔽，但历史学却能使人希望：当它考察人类意志自由的作用的整体时，它却可以揭示出它们有着一种合规律的进程，并且就以这种方式而把从个别主体上看来显得是杂乱无章的东西，在全体的物种上却能够认为是人类原始的禀赋之不断前进的，虽是原则却又漫长的发展。"[①] 所以，康德认为人类行为正如自然世界的其他事件一样都是服从自然律的"表象"，历史的规律性重点表现于其与人类自由意志发展相关的必然性，且这种"合规律"不是以个人的意志自由发展为标志而是以人类整体的理性发展为原则的，表现为一种"自然律"。也就是康德认为人类历史的发展与人类主体性的发展相关，但这种相关在历史缓慢的进程中十分隐蔽。就个体而言历史往往是没有目的的，但从整个人类物种的"整体"而言却是有某种规律可循的，历史事件会形成统一的步伐，奔向人类的自由王国和道德世界。可见，康德的历史观中体现出了一种整体性、统一性的思维方式，他将多样性和特殊性的根据放置在了主体的反思活动中，在认识论领域中无法形成的"知性的直观"此时成了自我意识反思判断力的基础，在历史观中起作用，反思主体的目的。

康德指出，虽然每个个体都在按照自己的意志进行活动，且彼此间往往具有冲突，但人们这么行动的同时却实际上在不知不觉中在为朝着某个"自然目标"的发展而努力，人们甚至没意识到它的存在，但历史却因为这样一个目标而可以被揭示为是某种合规律的进程。因为人们作为同时具有感性和理性存在的物种，不会像动物那样仅靠本能行动，也不会像"理性的世界公民"那样完全出于理性行动，所以人类有着

---

① 康德. 历史理性批判文集 [M]. 何兆武, 译. 北京：商务印书馆, 2005：1.

自己特有的发展线索,康德称这种发展线索为"大自然的一项隐蔽计划"①,人类历史就是这项"计划"实现的过程,而实现这个"计划"则要求人类身上所有的禀赋都能"充分地并且合目的地发展出来"②,人类不同于其他物种的特有禀赋就是除了本能之外人类还有理性。自然作为一个有机整体,尤其发展的"自因",但其内部也具有一个对于"自然"这个目的系统本身的一个"最高目的",康德认为,"人可以用理性将一切有目的东西构成为一个目的系统,并且使它们从属于他的目的之下"③,也就是说,人才是自然的"最高目的",可以利用自然中的一切。自然作为一个有机整体,我们可以用自然目的论来说明,但是人类社会我们就要用"道德目的论"来解释,因为人不单单是作为自然的物质存在的人,人还具有理性自由,当自由出现,无条件的必然性目的就无法完全适用了。所以,历史的发展在康德看来即为人类理性的发展,而理性发展的最高阶段就是自由。由于历史就是必然与自由的统一,进而在康德哲学中,先验自我如何克服必然本能最终实现理性的积极自由的过程,同时也体现了人类历史的发展规律。

康德按照人类理性在人类社会中的发展,把人类历史分为了本能的统辖、自由的状态和完美的公民社会三个阶段。康德根据现有的关于自由的经验加以推论,把自由最初发展的历史称为"臆测"的历史,也是人类根据"本能"行动的历史。康德认为推动人类历史不断向前发展的是"恶",包括"竞相猜忌的虚荣心、贪得无厌的占有欲和统治欲","没有这些东西,人道之中的全部优越的自然禀赋就会永远沉睡

---

① 康德. 历史理性批判文集 [M]. 何兆武,译. 北京:商务印书馆,2005:16.
② 康德. 历史理性批判文集 [M]. 何兆武,译. 北京:商务印书馆,2005:3.
③ 张志伟. 西方哲学十五讲 [M]. 北京:北京大学出版社,2018:319.

而得不到发展"①。在康德看来,"自然的狡计"就是让人以为他们想象的那些对象,包括财富、权利等等,是他们真实的目的来哄骗懒惰的人类来追求,以使得整个社会实现进步。而自由发展的最后人类终于理解"他才是大自然的目的……"②,此时人意识到其他人也同样是目的本身,大家都是大自然恩赐的平等分享者,所以都应作为目的而得到同样的尊重,这是道德法则的基础也是法律存在的前提,同时也意味着人的理性从大自然的母体中完全脱离了出来。而自由的状态和完美的公民社会状态则依靠"文化"和"法治"的发展。"文化"作为通往自由的桥梁,在人类历史中发挥了很大作用,康德指出,文化作为人的主观形式,在形成的过程中,人可以对任意的目的进行利用,所以文化也可以看作是人类理性的"有条件"的自由产物,"人对于任意目的的适宜性亦即自由的产物就是文化"③,自然的最高目的就体现于人的文化,能在客观中得以实现,而自然就可以通过文化得到充分的自我实现。但"文化世界"仍是属于自然的范畴,因为在文化形成的过程中人类理性还要受到自然规定性的约束,人类对于自然的认识和改造虽然是主观的但并不是完全自由的,所以文化"是自然和自由相互结合的产物"④;而只有在道德活动中的人才既是自然的存在、又能不受自然的限制,所以"仅仅作为道德主体的人才能找到在目的上无条件的立法"⑤,才是自然的"终极目的",而道德的人只能通过文化来培养。当人类理性充分发展、达到高度文明时,才能超越自然实现自由。而最终人类可以通

---

① 康德. 历史理性批判文集 [M]. 何兆武,译. 北京:商务印书馆,2005:8.
② 康德. 历史理性批判文集 [M]. 何兆武,译. 北京:商务印书馆,2005:68.
③ 张志伟. 西方哲学十五讲 [M]. 北京:北京大学出版社,2018:319.
④ 张志伟. 西方哲学十五讲 [M]. 北京:北京大学出版社,2018:340.
⑤ 康德. 判断力批判(下卷)[M]. 邓晓芒,译. 北京:人民出版社,2002:294.

过"社会性与公民安全的艺术"① 使其本身特有的禀赋发展与文化发展之间达成协调，走向完善的道德状态。历史的进步就在于人类社会通过痛苦和磨难，逐渐建立起有普遍性的法来统治的公民社会并以此来保障道德和自由。

显然，康德试图从现实社会历史经验中找到一条实现理性超越经验的道德本体之路，但这条路径只能作为一种"启示"。康德认为，道德和自由需要法治来实现，需要暴力来监督，可见康德的历史观仍然具有必然与自由、道德与政治的二律背反。虽然自我意识能在历史中进行"知性的反思"，认识到人类的目的和需求，但无法形成规范性，也就是康德认为对于历史的发展人类理性是无能为力的。真正的自由只能实现于"彼岸世界"，在人类社会中只能通过国家和政治，所以康德的历史哲学和其政治哲学是分不开的。也就是康德虽然认为，人类理性会朝向善的方向发展，但其所谓的"普遍的世界历史"，就是"按照一场以人类物种的完美的公民的结合状态为宗旨的大自然计划来加以处理"②的一种哲学尝试。康德将人类理性自由作用于整体人类发展为线索考察历史，将人类理性所有"合目的性"的发展包括"自然的目的""道德的目的"都看作是历史发展的部分，并将这个整体过程称为"天意"。康德认为："每一个人都受到大自然本身的召唤要尽自己最大的努力来做出自己的一份贡献。"③ 也即是每个人的行动都应该满足这种"天意"，努力从"恶"发展到"善"。

康德在"先验自我"的基础上，用先验主体性或抽象的人性来建

---

① 康德.历史理性批判文集 [M].何兆武，译.北京：商务印书馆，2005：75.
② 康德.历史理性批判文集 [M].何兆武，译.北京：商务印书馆，2005：19.
③ 康德.历史理性批判文集 [M].何兆武，译.北京：商务印书馆，2005：81.

构历史，在康德哲学中，人类历史就是符合"大自然隐蔽计划"的人类理性发展史，自由只有在人类现实的历史进程中通过"自然的狡计"才有实现的可能。由于只有自我意识的"知性直观"在历史中起作用，所以，康德的历史观中透露出对于人类理性必将发展的乐观性的同时，也表现出了一种无条件的自由只存在于"彼岸世界"的"道德目的论"的消极主义。

4.4.2 费希特"绝对自我"中的人类历史

费希特指出，历史有"两个相互密切关联的组成部分：a priori（先验）部分和 posteriori（后验）部分"[1]，"哲学家从事历史研究，遵循的是宇宙蓝图的 a priori（先验）延续的线索，他无须任何历史就已经对这个蓝图认识清楚；他运用历史，绝不是为了证明某种东西，因为它的原理早已不依赖任何历史也照样清楚的东西"[2]。所以，"用清楚的概念理解这种指导人类活动中的普遍的、绝对的和永远不变的东西，是哲学家的任务"[3]。也就是历史虽然是由经验的多样性与理性的统一性交织在一起辩证发展着的，但哲学家对于历史的研究要从先验立场出发，这个先验立场就是费希特的"绝对自我"。

早期的费希特认为，历史就是由自我与非我的相互作用所导致的无限的运动过程；且与人类道德发展密切相关。费希特的"绝对自我"突破了康德的"先验自我"，使"自我"由静态的先验结构变成了动态的先验活动，费希特强调的自我意识的创造性和能动性，并不是把人作为自然的产物，而是把人作为自然规律的制定者。在费希特哲学中，无

---

[1] 费希特. 费希特著作选集（第四卷）[M]. 梁志学, 译. 北京：商务印书馆，2000：567.
[2] 费希特. 费希特著作选集（第四卷）[M]. 梁志学, 译. 北京：商务印书馆，2000：568.
[3] 费希特. 费希特著作选集（第四卷）[M]. 梁志学, 译. 北京：商务印书馆，2000：570.

<<< 第4章 德国古典哲学中自我意识的形上演绎之路

论是非我限制自我,还是自我克服非我,在具体的"行动"中都是一个不断发展的过程,这便在费希特的知识学中注入了实现的阶段性和过程性,为其历史观的建构提供了理论前提。费希特认为,世界历史的本质就是个人的自我意识通过克服"经验自我",提高到人类的自我意识,实现必然向自由的转化。在这个过程中,由于有限自我在形式是无限的,但内容上是有限的,这就意味着其要不断克服异己的东西以达到无限自由和纯粹,而有限自我本质上是绝对自我,所以有限的经验自我只需要完全实现自我本质就能实现自由,也就是自我在对自然和外界的反抗中,不断努力实现克服自然,以求获得自由。而自由就成了有限自我行动的"良心",为了自由去行动就成了人类的道德义务,成了不断完善自我的"信仰"。所有,历史的进程就是自我意识不断发展的过程,克服"经验"走向"纯粹"到达"绝对自我"的过程。随着历史的发展,自我逐渐意识到只有当个人自由与社会自由的和谐一致,个人的自由成为社会全人类的自由,才能得到彻底的完成与实现绝对自由。费希特指出:"人类的世俗生活目的就是人类在这种生活中自由地,合乎理性地建立自己的一切关系。"① 由此,费希特将人类理性、自由与人类历史的发展紧密地联系在了一起,把人类普遍自由与核心关系的建立作为其把握历史统一性的原则。费希特根据理性在世俗生活中的表现,把人类历史分为了五个时期:"理性作为盲目本能占统治地位的时期;这种本能变成外在专断权威的时期;这种权威的统治与理性本身的统一一起被毁灭的时期;理性及其规律被清晰的意识把握的时期;最后,通过完善的技艺,按照理性的那些规律,类族的一切关系得到调整

---

① 费希特. 费希特著作选集(第四卷)[M]. 梁志学,译. 北京:商务印书馆,2014:449.

和安排的时期。"① 并由此体现了人类历史发展的必然性。

但是，晚期费希特的历史观表现出了浓重的宗教色彩。人类历史在费希特看来就以"绝对自我"为基础的，从"绝对自我"出发，最后又统一到"绝对自我"之中，由此构成了一个无限循环的行为发展序列，而且"由于这个不停地发展过程，才出现了时间"②。但费希特提出，在这个过程中"绝对自我"不受"时空"的限制，因此"时间"不能独自呈现出自身，只能通过"绝对自我"的发展而展现出自身，所以历史就成了人运用自我意识认识到绝对作为历史规律，并展示出自己的过程，也可以说历史的过程与绝对或上帝不断展现自身的过程相一致。他指出："这些规律必定显现为有生命的东西的自由行动和行为的规律。如果我们返回这一立法的根据，我们就会发现，这一根据在于神圣生命本身。"③ 那么，人类要实现对绝对的认识，就要通过自身理性的不断提升来实现自由；即通过理性的不断完善来完成由有限自我走向无限、走向绝对或上帝。费希特晚期认为实践行为是达不到绝对自由的，只能通过绝对本身或是上帝的"天启"，他宣扬的是，"全部哲学的基础并不是有限的自我，而是神圣的理念。凡是由人自己做出来的东西都是虚幻的。……除了神之外没有别的存在，因此神是绝对的存在和生命。神圣的本质也从自身表现出来，启示自身，表现自身——这就是世界"④。也就是，费希特把康德的实践理性的自由"绝对化"，再次为上帝所"遮蔽"，从而表现出了浓郁的宗教神学倾向，人类历史变为了

---

① 费希特. 费希特著作选集（第四卷）[M]. 梁志学，译. 北京：商务印书馆，2000：446.
② 梁志学. 从全球化来看费希特的历史哲学 [J]. 哲学与文化，2007（4）：14-21.
③ 费希特. 费希特文集（第四卷）[M]. 梁志学，译. 北京：商务印书馆，2014：359.
④ 黑格尔. 哲学史讲演录（第四卷）[M]. 贺麟，王太庆，译. 北京：商务印书馆，1978：334.

"上帝的目的"。

费希特把"自由"放在了历史视域中去理解,这种思考方式为谢林与黑格尔提供了启发,使得两人也将自由与历史和社会联系起来,强调人类理性能力在人类社会发展中的作用。但是,费希特认为自由的根据是自我的绝对性,依然是主观的先验自我,所以自由的实在性也成了问题,在晚期的费希特哲学中只能作为一个"信仰"。于是,论证人类历史的推动力,除了有主体的先验理性的必然性外是否还具有客观必然性,则成了谢林哲学的任务。

4.4.3 谢林"绝对"视域中的自然史与人类史的统一

谢林在自我意识上突破了费希特,建构起以绝对为根据的知识学体系,为历史观突破主体自我的限制提供了契机。谢林认为,人类历史对于实践哲学来讲就如同自然史对于理论哲学,他试图通过研究历史的先验可能性条件将自然史与人类史统一于世界历史,由此完成他哲学历史观的建构。

谢林认为:"一系列绝对没有规律的事件与一系列绝对合乎规律的事件一样,都不配称为历史。"[①] 历史既不是偶然事件的堆砌也不是完全纯粹的必然,历史与绝对规律和绝对自由都不同,它表现为唯一的理想实现于无限多的偏离这个理想的活动中,也就是尽管个别历史事件不符合这个理想,但整个历史事件却符合这个理想。谢林指出,无论人们的个体行动表现出的是如何的杂乱无章,充满了随意性,但人类整体的行动在历史的发展中呈现出了一种带有"必然性"的结果,人类在进行自由行动的同时也被必然性的规律所支配,使得这种自由带有一种

---

① 谢林. 先验唯心主义体系 [M]. 梁志学,石泉,译. 北京:商务印书馆,1997:240.

"共同目标"。谢林指出:"历史的主要特点在于它表现了自由与必然的统一,并且只有这种统一才使历史成为可能。"① 并且,"这种必然性本身只有通过一切行动的绝对综合,才能加以设想"②。谢林将人类的社会发展看作是一种有规律的自然过程,同时也是人类理性"积极自由"的实现过程。谢林通过"绝对"第一次完成了自然史和人类史的统一。客观事物和主观事物、有意识的东西和无意识的东西之间的预定和谐只有通过"某种更高级的东西"才可以被意识到,而比主客观更高级的东西就只有凌驾于它们之上的、表示主客观同一性的"绝对"。绝对本身不包含主客观双重性,为了表现出自己,在意识中和行动中把自己分离出主观事物和客观事物,绝对就成了二者和谐同一的依据。万物皆在理性之中,主观与客观、必然与自由,同时理性也寓于自然之中。历史发展的起点是必然性的自然界,也就是"绝对同一"首先表现为无意识的理性生成了客观的自然世界;当自然之必然性会使自然随着理性共同发展,发展至最高阶段之时,就发展出人的自我意识,而客观的自然与主观的自我统一起来,就能达到本体化的"积极自由"的状态。在谢林看来,历史发展的过程就是自然所具有的"必然性"与人所具有的"自由性"达到"绝对同一"的过程。

那么,人类历史的根据和规律就与自然一样都是绝对理性,这个理性不是费希特的"绝对自我"所体现出的理论与实践相统一的那个"理性",而是能统一自然与自由、实现主客观"绝对同一"的理性。在谢林看来,人类历史也与自然一样同是执行着绝对的"宇宙精神"和"天意"。"人虽然在行动本身是自由的,但在其行动的最终结局方

---

① 谢林. 先验唯心主义体系 [M]. 梁志学, 石泉, 译. 北京: 商务印书馆, 1997: 243.
② 谢林. 先验唯心主义体系 [M]. 梁志学, 石泉, 译. 北京: 商务印书馆, 1977: 248.

面却取决于一种必然性，这种必然性凌驾于人之上，甚至操纵着人的表演。"[1] 因此，整个历史就是"绝对"的不断启示、逐渐显露的过程，谢林将其分为三个时期，第一个古代社会时期，完全盲目的力量支配世界的"命运"；第二个是现代社会时期，表现出明显的自然规律强迫自由臣服于自然计划，表现出历史中的机械规律性；第三个是未来社会时期，之前的命运和自然规律在这个时期成了"天启"而表现出来。由于绝对本身完全自由，所以是不能被认识的，也不是知识，只能是一种"信仰"，通过人们的自由表演（历史活动）不断把自己启示和表露出来，与此同时人们在历史的规律性中也觉察到了一种永恒不变的绝对同一性，意识到"绝对"就是历史本身，是"历史中的上帝"。因此，人类历史就可以看作是上帝不断彰显自身的过程，只能通过"理智直观"认识。但谢林提出，人类自我意识只能在艺术领域中真正实现完全自由地"直观"，也就是谢林把艺术的世界看作是一个体现人类意志的、理想的世界，它高于客体的现实世界，他指出，历史进出入"天启时代"，人类理性才能实现"艺术直观"，此时人类理性才能与"上帝"达到绝对同一，实现哲学和历史的统一。谢林时代的德国正处于文学繁荣而政治衰退的时期，所以，只有在艺术领域，进步的理性主义者和资产阶级，才能表达出自由的愿望、畅想美好的未来。

谢林"绝对同一"的理性历史观超越了费希特的主观主义历史观，实现了自然史与人类史的统一，哲学与历史的统一，但由于谢林不能说明这种"绝对"理性的内容，所以人类历史与自然一样都执行的是一种绝对的"天意"，因此，谢林论证了历史具有客观性的同时又为历史添加了非理性的神秘。

---

[1] 谢林. 先验唯心主义体系 [M]. 梁志学, 石泉, 译. 北京：商务印书馆, 1983: 245.

4.4.4 黑格尔"绝对精神"中的世界历史规律

黑格尔是第一个真正用哲学的思维方式,探究历史发展的哲学家,这是他超越于谢林等人的地方。对于黑格尔来说,历史作为理念的载体之一,与理念具有逻辑的同构性,历史就是"理念自我显示过程中诸概念必然阶段的反映"①,也就是理念的不断外化形成了一部完整的、系统的、有机的人类历史。

在历史的发展过程中,理念的发展表现为不同历史阶段中所呈现出的不同的民族精神,虽然各民族之间具有差异性、也在历史发展中呈现出先后相继的衰败或繁荣,但实际上它们都具有一种辩证的统一性、都遵循着与理念相同的一种辩证运动法则、都是同一个理念所外化出的不同样态,共同发展形成了不同阶段的人类历史。在人类历史的发展中的,不同的民族所呈现出的理念内容的多少,决定了这个民族的理性发展的程度,也就是民族的衰落或繁荣与理念的内容在人类精神中的沉淀多少相关,对于历史发展来说,各民族发展的不同程度通过"自由"意识在民族精神中的发展程度来体现。因此黑格尔说:"世界历史无非是'自由'意识的进展;这一种进展是我们必须在它的必然性中加以认识的。"②

黑格尔用幼年、青年、壮年和老年这四个不同的阶段表示人类理性的发展进程,并与东方、希腊、罗马和日耳曼这四个世界中人们自由意识的发展程度相对应,将世界历史的进程按照精神演进的逻辑次序进行了划分。他认为,在东方王国自由意识还处于没有觉醒的阶段,个体毫

---

① 泰勒. 黑格尔 [M]. 张国清,朱进东,译. 南京:译林出版社,2002:600.
② 黑格尔. 历史哲学 [M]. 王造时,译. 上海:上海三联书店,1999:58.

无权利，所以此时人们的世界观仍然是统一的，这也是人类精神发展的幼年时期，此时"精神"尚在主观阶段；在希腊王国个体自由处于一种理想的状态，还没有经过自觉反思的加工，但此时个体与伦理之间的统一则很容易会被进一步反思而摧毁，这就是精神发展的青年时期，此时自我意识只具有空洞的、抽象的自由，尚且有待实现；在罗马王国伦理被无限分裂为私人的自我意识和抽象的普遍性，此时人类精神进入了"好斗"的壮年时代，此时"精神"仍旧局限在"主观的内在性"里，还没意识到主客同一的自由；在日耳曼王国政治生活为理性所规定，政治制度体现着法律与道德的双重原则，同时这个原则也实现了与人类理性自身自由法则的统一，因此在日耳曼王国个人自由与社会普遍自由实现了统一，人类历史进入了精神发展中的老年时代，此时主观精神已经发展到了客观精神，"'精神'的'老年时代'是完满的成熟和力量，这时他和它自己又重新回到统一中来，但是以'精神'的身份来完成这种统一的"①，客观真理与自由达成了相互调和，人们实现全体的自由。

但是，由于国家的法则依然仅具有客观的外在性，还不具有"绝对"内容的逻辑内在性，所以世界历史所表现的只是客观自由的最后阶段，这种"全体的自由"还不等于人的"最高的自由"。而黑格尔"所感兴趣的乃是一种更加深刻、更具形而上学意义的自由"②。对于黑格尔来说，"理念"完全与其自身实现统一才是最高的自由法则，也就是只有当自我意识发展到"绝对精神"，使理念内容完全呈现于自我意识之中，人类理性才能实现自由，此时世界历史的发展规律也和人的自

---

① 黑格尔. 历史哲学 [M]. 王造时，译. 上海：上海三联书店，1999：115.
② 辛格. 黑格尔 [M]. 张卜天，译. 南京：译林出版社，2015：48.

由一起被蕴含在了"绝对精神"之中。黑格尔"辩证思维"方式的确立，使得我们完全可以将康德认为无法对理性形成规定性的"知性的直观"上升为"理性的直观"，从而在绝对精神中通过自我意识的直观活动实现对于人类历史的认识，黑格尔说："直观是一种由理性的确定性所充满的意识，这意识的对象具有规定性，这是一种合乎理性的东西，因而不是一种分割为不同方面的个别性，而是一个总体性，是一种诸规定互相照应的丰富性。"[1] 黑格尔认为，一旦自我意识完全具有了理念的客观内容，实现了概念与自我的统一，就能通过"充满精神的真实的直观"把握住"对象纯真的实体"。

黑格尔认为，世界历史是绝对精神"理性的狡计"。虽然，历史中发生了一系列的具体事件，但人们在历史发展的进程中仅将自身的感性欲望的满足作为其行事的目的，所进行的活动也表现出一种任意性，此时人们并没有意识到这些事件只是自由意识借以实现自身的手段；但真实的情况是，人们在追求自己的任意性目的时，他们所进行的活动中还体现了对于自由的追求，显然这是一种超越任意性目的的崇高追求，只是对于这一更为崇高目的的追求，人类是在无意识中进行的，且这个目标的实现掩饰在了人类的自我意识发展为绝对精神的过程中，即历史的进程中。"人同样如同一件工具，一头动物，他的有限目的只能被绝对精神来实现那绝对的目的，即世界历史进程。人只有在这个目的已经实现出来时（即在世界历史跨入一个新阶段时）才恍然大悟，而在过程之中，人总是沉溺于他的有限目的之中无法自拔。"[2] 所以，世界历史在本质上并不是人类盲目的必然性，而是精神对于自由的追求，体现了

---

[1] Hegel. Hegel: Sämtliche Werke, Jubiläumsausgabe [M]. Band X Ed1. Stuttgart: H. Glockner Press, 1964: 253.
[2] 邓晓芒. 思辨的张力——黑格尔辩证法新探 [M]. 北京: 商务印书馆, 2008: 618.

第4章 德国古典哲学中自我意识的形上演绎之路

绝对精神的发展史,是"理性各环节从精神的自由的概念中引出的必然发展"①。自由的获得即为借助人类对历史必然性的认识而逐渐揭露出来的,而历史必然性背后的规律就是"绝对精神"的发展过程。黑格尔把全部世界历史、人类社会的现实活动,都看作是"绝对精神"认识自我、回归自我的一个环节,而人类精神发展到"绝对精神"的过程也就是世界历史呈现出自身规律和内容的过程。

黑格尔用辩证思维使世界历史的内容在自我意识发展到"绝对精神"的过程中呈现出来,实现了世界历史和哲学真理的辩证统一,论证了世界历史的发展具有哲学的逻辑性和规律性,确立了理性主义思辨历史观。恩格斯曾赞赏黑格尔的历史观是一种"划时代的历史观",是"新的唯物主义观点的直接的理论前提","为逻辑方法提供了一个出发点"②。

在德国古典哲学中,在自我意识的发展进程中人类理性的"直观"能力也逐步发展,从康德哲学中"先验自我"到费希特的"绝对自我"、到谢林绝对同一的"自我意识"、再到黑格尔的"绝对精神",人类理性实现了由只具有"感性直观"、到具有"知性直观"、到"理性直观"的发展过程,最终人类理性实现了与现实观念的统一。而历史观也正是在这个过程中,实现了由"合目的的"发展到"合规律的":从康德哲学中的"大自然的一项隐蔽的计划";到费希特哲学中以自由意志与人类社会关系的统一为动力彰显了上帝目的的历史观;到谢林完成了理性历史观的思辨原则的建立,实现了自然历史和人类历史的统一;最后黑格尔用辩证法将世界历史的内容沉淀到"绝对精神"中得

---

① 黑格尔.法哲学原理[M].范扬,张企泰,译.北京:商务印书馆,1961:352.
② 马克思恩格斯全集(第13卷)[M].北京:人民出版社,1971:41.

以呈现出历史自身的规律,实现了历史和哲学的统一。可见,"历史与逻辑相一致,理智与直观相一致"[1],德国古典哲学的历史观与自我意识的发展进程具有同构性。

---

[1] 邓晓芒. 康德的"智性直观"探微[J]. 文史哲,2006(1):119-125.

第 5 章　德国古典哲学之后自我意识发展的现代转向

德国古典哲学的理性主义，要求从形而上的宏观视角，将理性作为考察的重点，将理性活动与其他人类活动如认识活动和实践活动、社会生活活动等综合起来，实现关于真理的认识。也就是理性主义在寻求真理的过程中，要实现将理性本身的发展与其所衍生出的关于精神发展和现实社会的各方面内容，知识、真理、道德、自由、历史等发展综合为一体。在这个过程中，德国古典哲学实现了真理性的形而上学体系的建构；解决了知识领域的基础问题、道德领域的根据问题、历史领域的合理性问题；同时完成了用自我意识中的思辨理性统摄整个宇宙，使人成了主宰一切的"理性神"，回应了启蒙运动"人本上帝化"的内在要求。德国古典哲学已将人类的主体性抬升到最高，人类理性已经发展到了巅峰，主体性哲学必将迎来"转向"。

5.1　叔本华开启的"意志"自我的现代哲学转向

叔本华的"意志哲学"将从康德的先验哲学到谢林的知识学进行

了颠倒，他并不认可康德的物自体不可知的思想，他认为现象到物自体的转变完全是可以实现的，并且这就是他"哲学中最典型和最重要的一步"①。他以求用非理性来解释理性，开辟一条新的"真理之路"。

在叔本华看来，康德之所以无法实现对于物自体的认识，是因为康德始终是在物自体之外寻找认识它的方法，这是不可能真正认识到物自体本身的，也就是叔本华认为，如果我们从主客对立的角度，站在客观之外认识客观，就无法得到关于客观的真正知识，想要实现对于客观的认识必须进入到"它们的内在本性"。不难看出，在关于"知识"的看法上，叔本华和谢林是同样的态度。但叔本华强调的是"另一个真理"，"即我们不仅是认识着的主体，而且我们自身也处在我们想要认识的这些实在或实体之中，即我们自身就是物自身。因此，一条通向我们从外面不能进入的事物真实本性的内在的道路向我们打开了"②。在叔本华看来，"我们自身"就是"意志"，显然，叔本华提出"意志"的目的是要用其代替康德哲学中的"物自体"，而这条"内在道路"就是通过"意志"实现的，也就是"意志是自在之物"成了叔本华所找到的通向人类"觉醒"的钥匙。由此，叔本华将哲学研究对象转向了意志本身。

在叔本华哲学中，意志指的就是最原始、最基本、永恒的、无法摧毁的生命原则；用他自己的话说就是："人身上永恒的和不可摧毁的，因而也构成了人身上生命原则的，并不是灵魂，如果允许我使用一个化学术语的话，而是灵魂的基本因素，就是意志。"③ 叔本华认为一切都

---

① Arthur Schopenhauer. The World as Will and Representation [M]. New York: Dover Publication, 1966: 191.
② Arthur Schopenhauer. The World as Will and Representation [M]. New York: Dover Publication, 1966: 195.
③ 叔本华. 自然界中的意志 [M]. 任立，等译. 北京：商务印书馆，1997: 34.

<<< 第5章　德国古典哲学之后自我意识发展的现代转向

是从"意志"中来，显然，德国古典哲学中的"绝对"和"理性"被叔本华用"意志"替代了。"意志"作为一种本原的同时也是一种能动性，其完全没有任何经验因素，是一种形而上的、超越时空的存在和活动，我们可以将它看作是一种生命的欲求活动。叔本华指出："事实上，意志自身在本质上是没有一切目的，一切止境的，它是一个无尽的追求。"[1] 显然，作为一种"欲求"，意志本身是流动变化的，这个欲求满足了还会出现下个欲求，所以也是没有确切的目标和唯一的方向的，也就是我们"决不知道它根本欲求什么。每一个别活动都有一个目的，而整个的总欲求却没有目的"[2]。由于叔本华的意志与康德的自在之物等同，那么"意志"本身并不遵从根据律和因果律，因为意志不是表象，只有表象才受到逻辑的限制，因此实际上，意志与表象之间只有"客体化"的关系并没有因果关系。他将"意志"客体化为自我和世界，并用"意志"来揭示自我本质与真理，也就是，"意志"能客观化为自我的物质实体，揭示人的本质；也能客观化为世界，揭示世界的真理。叔本华将世界作为"我的表象"[3]，开启了"意志"自我的现代哲学转向。

但是，由于意志不遵循逻辑规律，这也意味着，表象世界中的一切都只有一个相对的根据，去除了"理性"和"逻辑"的意志当然无法作为绝对的根据，这也是意志哲学与德国古典理性主义哲学最大的不同之处。消解了理性的意志哲学必然也有着不同于理性主义的思维方式，叔本华认为对于意志的认识应该诉诸内心的直观和体验。也就是把意志作为一种非理性的生命冲动从整体中分析出来，探讨它和其他方面的关

---

[1] 叔本华. 作为意志和表象的世界 [M]. 石冲白, 译. 北京：商务印书馆，1982：235.
[2] 叔本华. 作为意志和表象的世界 [M]. 石冲白, 译. 北京：商务印书馆，1982：236.
[3] 叔本华. 作为意志和表象的世界 [M]. 石冲白, 译. 北京：商务印书馆，1982：25.

系。在叔本华看来,意志决定了一切,不仅有机体是由意志客观化而来,意志也决定了"大脑的一种纯粹的功能"①,"理念"只是个体事物和意志的中介,用来说明意志客体化的无穷等级。叔本华认为"人"是意志个体化的最高等级,随着意志发展到最高人能产生理智。因此,理性并不是无用的,理性作为意志的客体化最高等级的产物,它是为意志服务的,是认识事物表象的工具。叔本华认为:"意志并不像人们无例外地认为的那样,是由认识决定的,倒是认识是由意志决定的。"②他提出只有注重与身体同一的内心才能知道物自体是什么,当意志实现完全的客观化,自我意识就能通过"直接的认识"实现对物自体的把握,也就是在通过直观把握自在之物的过程中,主体与客体作为"意志"已经没有任何区别,"意志在这里自己认识到自己"③。因此对于"自在之物"的认识不需要从外界进入,关于"意志"的真理知识不需要借助感性直观的"时空",只需要我们进行内部的"直观",意识本身就会提供这种直观,叔本华说:"事实上,我们的意志是我们唯一拥有的从内部去同步地理解一切在外显现其自身的事情的契机。因此,它是一个被我们直接知道的东西,而不是像其他所有东西那样仅在表象中被给予。"④ 因此,意志不同于康德的先天形式,并不是一种空洞的认识形式,其能实现"客观化"自我与物质,因此叔本华认为实现对于事物(意志)的认识只需要三个步骤:第一,将意志作为一切的本质;第二,实现意志"客体化",也就是将躯体作为可见的意志;第三,将"认识"作为躯体的功能之一。

---

① 叔本华. 自然界中的意志 [M]. 任立,等译. 北京:商务印书馆,1997:34.
② 叔本华. 自然界中的意志 [M]. 任立,等译. 北京:商务印书馆,1997:20.
③ 叔本华. 作为意志和表象的世界 [M]. 石冲白,译. 北京:商务印书馆,1982:252.
④ Arthur Schopenhauer. The World as Will and Representation [M]. Translated by E. F. J. Payne, Vol. 2. New York: Dover Publication, 1966:191.

<<< 第 5 章　德国古典哲学之后自我意识发展的现代转向

　　由于人是意志的客观化之物，显然在叔本华哲学中人成了受"意志"支配的人。叔本华认为，意志作为一种能动性和一种欲求，其本身的运动和欲求是绝对的自发性，不受任何逻辑律的支配和限制，但是，当它实现了客体化，作为意志客观化的东西却要服从现象界的规律，这就意味着生命必将处在于矛盾的痛苦之中，由意志客观化而来的人当然也无法逃离这种痛苦。理智会使人认识到自我表象作为意志的客体化都不免一死，但与之矛盾的是人的意志却是求生的；除此之外，人在活着的时候其欲望永远也得不到满足，因为意志的欲求永远无法停止，也就是当欲望得到满足时，由于欲求的基础是缺乏和难以满足，则又会引起新的欲望；并且由于意志的欲求是盲目的，所以人类并不清楚其生活和存在的最终目的是什么，当不停追问时就会陷入迷茫和焦虑。显然"禁欲"才是摆脱痛苦的唯一方式。但是，当人达到"无欲"的境界时虽然摆脱了痛苦，却也同时失去了作为生命欲求的"意志"，没有了继续生活下去的动力。因此叔本华提出，生活不过是一场悲剧。

　　虽然意志哲学将意志本身"绝对化"，将理性作为一种工具，使人们认清了在"意志"方面人的本质、意义和界限，但这并不能被当作是对世界和人生的全面、正确的说明。生活的意义、人的本质与价值显然不能完全由"意志"体现，只有以人的所有方面（包括自我意识和活动，以及人与人之间的社会关系等）来接近和把握现实，在回答"现实的人是什么？"这个问题时，将"感性的对象"和"感性的活动"相结合，从"以自己的实际力量改变着现实世界同时也改变着自身的活动"[①]的全体性视角出发，才能得到准确的答案。也就是，将人的活动看作是物质的，是以感性的活动为基础的与精神活动相统一的整

---

① 杨祖陶. 德国古典哲学逻辑演进 [M]. 武汉：武汉大学出版社，2006：362.

体，在现实世界中考察人，才能真正得到人的本质。这也正是马克思哲学开启自我意识实践转向的原因。

5.2　马克思对理性自我意识的实践论转向

马克思主义哲学是德国古典哲学发展中的根本质变，它结束了历来的"古典哲学"，但马克思的思想（包括其人的本质概念和实践原则）并不是完全脱离德国古典哲学而产生的，海德格尔就声称："如果没有黑格尔，马克思是不可能改变世界的。"① 可以说，马克思哲学就是以对近代哲学以来的主体性哲学的立足点进行批判为基础，瓦解了意识的内在性，重新确立了人的本质，才得以建构起一种全新的、以改变世界为基本问题的哲学。

在黑格尔的思辨哲学中，自然界和人类社会是逻辑学在不同领域的演绎，黑格尔要实现的不仅是"思想与经验的一致"，还要达到"理性与现实的和解"。但马克思认为，黑格尔哲学运用的只是"抽象的、逻辑的、思辨的表达"，是在精神领域的抽象过程实现的这一切，而他要在现实生活中实现这一切，最终使人真正与人的本质实现一致。马克思认为黑格尔最大的问题就是将"自我意识"作为核心的主体性形而上学所要面对的问题：把精神作为第一性的存在，所要实现的是在哲学思维中使精神认识到自己的绝对性、现实性和永恒性，因此不可避免地要面对主观与客观、存在和本质、个体和类之间的矛盾和斗争。也就是将

---

① F. 费迪耶. 晚期海德格尔的三天讨论班纪要 [J]. 丁耘，译. 哲学译丛，2001（3）：52-56.

<<< 第5章 德国古典哲学之后自我意识发展的现代转向

"自我意识"看作为绝对的,那么"自我意识"也就同时被当成了对象,但不可否认的是,这种对象是一种思想上的即"想象出来的存在物",是非现实的、非感性的、抽象的东西。马克思认为:"一个存在物如果不是另一个存在物的对象,那么就要以没有任何一个对象性的存在物存在为前提。"① 如果自我意识既是认识的主体又是认识的对象,就意味着对于作为主体的主体来说,根本没有真实的对象世界,它至多只是设定了对这个世界的思想,所以,马克思的哲学立足点转变为了"现实的存在物"。但马克思同时承认,任何一个现实的、真实存在物必须以"人"为前提,否则它就不存在,或者只是我们想象中的、不真实的存在物,于是哲学的关键就在于是如何定义"人"。

黑格尔哲学的理念是不断冲破其客观物质的外在形式,精神是不断突破其主观的精神形式,其辩证逻辑强调概念在认识过程中的变化;而马克思认为哲学不仅要实现解释世界还要能改变世界,也就是哲学不仅是认知上获得真理的工具,同时也要具有能改变世界的能动性、可操作性和现实性意义,因此马克思把哲学的视野和思维扩大到了现实社会,他把关注点放到了人们的现实生活中。如高清海先生所指出的:"马克思从根本上超越了西方哲学还原论的本体论化的思维方式而确立了实践观点的思维方式,这种新的哲学思维方式把事物、现实、感性世界理解为人的历史实践中不断生成的存在。"② 可以说,马克思哲学的实践就是不断突破生产力的外在形式,其辩证法则是真正地把概念放到实践领域中来,进而使思维对社会现实进行反思与指导,使哲学达到成为改变世界的工具的层面。马克思指出:"人们按照自己的物质生产的发展建

---

① 马克思恩格斯全集(第3卷)[M]. 北京:人民出版社,2002:324.
② 高云涌. 马克思辩证法:一种关系间性的思维方式[J]. 天津社会科学,2008(3):27-30.

立相应的社会关系，正是这些人又按照自己的社会关系创造了相应的原理、观念和范畴。所以，这些观念、范畴也同它们所表现的关系一样，不是永恒的。它们是历史的暂时的产物。"① 马克思关于现实的人的劳动活动的辩证历史的理解是时代的产物，这个具有实践动力和意义的历史辩证法是马克思扬弃黑格尔思辨哲学所取得的重要成果。马克思提出，人的本质要在社会生活和生产关系中实现，而人作为单独个体的存在时，即便所有人的合集也不能称之为"社会"，只有当人与人开始交往，并在交往过程中所呈现出不同的关系形态时，社会才开始出现，也就是劳动实践促成了社会的形成和发展。所以，任何精神只是人们现实生活的一种反映，也就是人们头脑中的任何意识都来源于感性的现实生活，"不是意识决定生活，而是生活决定意识"②。黑格尔站在绝对精神的立场上将人的本质归为意识，从而决定了黑格尔对人的自由解放之路只能停留在抽象层面，这种思辨唯心主义注定不能理解人的真正本质，只是为现存的国家和社会制度做辩护；而马克思哲学逆转了黑格尔的精神或理性支配人的活动的原则，强调人的意识作为理性是由物质生产和实践活动所决定的，确立了以"物质决定意识"为中心思想的实践哲学。

马克思指出，人作为自然的一部分，不只是理念的外化而是具有感性意识的真实存在，当人只作为精神存在的时候难免会在对象中丧失自身，只有回归到社会实践中，回归到真正的现实生活中，使人成为"社会的存在物"，使社会成为"对象的本质"，才能避免人本质的丧失。也就是马克思所说的："意识在任何时候都只能是被意识到了的存

---

① 马克思恩格斯全集（第1卷）[M]. 北京：人民出版社，2012：90-91.
② 马克思恩格斯选集（第1卷）[M]. 北京：人民出版社，2012：152.

第 5 章 德国古典哲学之后自我意识发展的现代转向

在,而人们的存在就是他们的现实生活过程。"① 在马克看来,世界中所有的现实存在物都是以"人"为根据而存在的:自然物是以人的认识本质为中介的对象化存在,而人工物(劳动产品)则是以人的实践本质为中介对象化的存在。只有人实现了"他自己的生活对他是对象"②,才能确立人真正的本质;而只有在实践活动中,"生活"才能成为人的"对象",同时,人也能作为社会生活和生产关系的对象化而存在,也就是,实践活动能使"生活"作为人的对象,同时也能使人在"生活"中确证并表现自己。马克思认为,人在实践活动中使自身出现了"二重化"。这个二重化不是别的,就是指人在实践中既是活动的主体,同时又是主体的对象,只有在实践活动中,真正意义上的主体才得以形成。人的这种"二重化"能力,能使人"自己的生命活动本身变成自己的意志和意识的对象"③,此时他的生命活动才是真正有意识的,此时,人既是"现实存在"又能进行"感性活动"。那么在现实的实践活动中,马克思实现了人自身主体和客体的统一,而不是像以往的哲学只是论证了精神作用下的主客统一。也就是马克思将作为理性的精神的第一性复归于人和人的实践活动,把人的本质建立在感性的对象性活动基础之上,于是,黑格尔抽象的精神的神秘性被马克思揭开了面纱。

至此,马克思消解了主体性形而上学的理性维度,扭转了理性和实践的关系,确立了实践相较于理性的第一位优先地位,使人成了"感性存在的人",使哲学立足于实践这一感性的对象性活动,回归到现实的社会之中,成了改变世界的工具。

---

① 马克思恩格斯选集(第 1 卷)[M]. 北京:人民出版社,2012:152.
② 马克思恩格斯全集(第 42 卷)[M]. 北京:人民出版社,1979:96.
③ 马克思.1844 年经济学哲学手稿[M]. 北京:人民出版社,2000:96.

5.3 分析哲学用"语言"来消解自我意识的语言学转向

在本体论的视域下进行认识，不免会引发人们对主体认识能力的追问，因此产生了认识论转向；而主体性哲学有其自身所不可避免的局限性，也就是从自我内部出发而造成的意识与自身、意识与外界关系的矛盾，虽然主体性哲学也正是在这种二元对立中不断尝试寻求统一的过程中而实现发展的，但这种二元性始终是主体性哲学所要面对的问题。分析哲学家们提出，只有从另一个哲学研究范式进入哲学，转变主体性哲学以主体内在性为原则的思维方式才能彻底使从这种"二元论"中解脱出来。

维特根斯坦指出，"所有形而上学，包括其反对者实证主义，都在说柏拉图的语言"[1]，只有"语言"才是哲学真正的"立足点"。在西方哲学中，"语言"自柏拉图开始就被当作是对于"客观实在"的描述以及对于"思想"的表达。在维特根斯坦看来，"柏拉图的语言"就是"认识论的语言"，强调的是符号与其对应的东西的一致性，按照近代认识论中知识作为"观念"来说，"语言"就是指人们能通过符号追溯到与其相应的观念，因此语言不仅是一种工具更是包含了"观念"和"知识"的意义，更包含了一种逻辑规定性。他将主体性原则的立足点"我思"转变为语言学意义中符号与观念的对应性，从而在否定观念理论的同时，肯定语言之于意义的优先性。可以说，西方哲学的"语言

---

[1] 海德格尔. 哲学的终结与思的任务 [J]. 孙周兴, 译. 哲学译丛, 1992 (5): 57-63.

学转向"就是一种对认识论哲学关系范式的转换，其本质上来说就是对主体性哲学局限性的某种克服。在维特根斯坦看来，思维、世界和语言是"同构"的，所以语言可以用来完全实现对于思维和世界的表述，当然这并不是说没有语言是不行的，其他方式如图示、艺术等都能用以表述世界，但是只有语言最接近逻辑形式，或者说语言就是逻辑形式的显现，是一种对世界事实最为有效的逻辑形式。因此，"语言学"的研究对象就不是主观思维或客观事物，只是逻辑或语言本身。维特根斯坦认为，世界之所以具有实在性，是因为它是事实的总和，存在着由对象物构成的事态，对象物之间的关系正是由逻辑形式构成的，所以说思维和语言是世界的"表征"，是"实在模式的图像"，这也意味着，我们对于世界的理解、人类历史意识的实现也都是通过语言完成的。在这个意义上，我们所认识的世界就是语言的世界，世界在语言中呈现自己。因此，人们对于存在（对象）的理解界限也可以看作就是语言的界限，用维特根斯坦的话说就是："我的语言的界限意味着我的世界的界限。"[①]所以，现代西方哲学的"语言转向"反对离开对人类"语言"的考察而直接断言思维和存在的关系，由主体性形而上学的创始人笛卡尔明确提出的、在德国古典哲学中被作为核心的关于"思维"与"存在"的探讨，在语言哲学中转化为了"语言"与"存在"的探讨，其不是仅仅消解了德国古典哲学的"理性"，而是彻底动摇了以往哲学的"对象性"思维方式。

随着"语言学"这种非对象性的、非表象性的哲学思维方式的变化，哲学产生了一系列新的研究方法，人们更加关注哲学研究中"分析"的准确性和精确性，强调"描述"和"显示"。"描述"是与解释

[①] 维特根斯坦. 逻辑哲学论 [M]. 杜世洪, 译. 上海：上海译文出版社，2019：56.

的方法相对比而说的，过去的哲学无论是本体论还是认识论都是解释世界的哲学方式，而"语言学"提出哲学的关键任务只不过是"描述"，能清楚明白地诉说或者表明就是哲学的使命。哲学的"描述"包括比较、分类、排列、对比等等，最常用的是列举；这些方法的目的都是避免预设前提以及得出唯一结果；也就是"哲学描述"是开放的，只是要通过"综观表现"得到清晰的概念，而并不是要实现概念的绝对化。而"显示"是维特根斯坦所认为的"语言学"的基础，他用"语用显示"表达了对于本质主义的追求以及对于理论构建的拒斥。维特根斯坦提出，当哲学语言抽离了实践的现实生活就会变成"胡说"，以往的哲学都是想要寻求一个本原或者一个基础，但"语言学"却是要让那些"不明显的胡说"显示成"明显的胡说"。显然"语言学转向"要在现代西方科学实证主义盛行的情况下重新确立哲学的真理性地位，弥合科学主义与人文主义。海德格尔说："科学在根本上不是真理的发生，而总是在已经敞开了的真理领域里的扩充，特别是靠理论和论证那些显现为必然正确的东西。当科学超过正确而到达真理时，这已经意味着它到达了存在者作为存在者的本质揭示、它便成为哲学。"[①]

当对象性思维方式发生改变，那人要如何确证自己则成了哲学要面对的问题，由此"语言学"转向中就包含了对于人本质的理解问题。语言，作为"世界表征"的同时也是人与人沟通的桥梁，人类依靠语言的倾听和表达来实现"存在"，因此在探究语言和逻辑的关系的过程中，"语言学"更加关注人类自身价值及与世界和现实生活的关系。海德格尔指出，一直以来在西方哲学中语言和人的关系都被颠倒了，以往的形而上学由于过渡关注理性和"思维"从而造成了在一定程度上失

---

① 海德格尔. 诗、语言、思 [M]. 北京：文化艺术出版社，1990：59.

去了客观和"存在",当然也无法真正获得"人的本质",而"语言"才是人类真正的"家园",因为只有在语言中,"存在"才能真正显露出来,也就是"语言是思中之在"。所以要真正理解人的本质,就必须将之前哲学中的语言和人的关系再次颠倒、重新确立,把"思"所思的"存在"通过语言符号表达出来。正是在这个意义上,语言具有了存在性和本源性意义,甚至我们可以认为语言直接表现了人的存在状态。"语言"就成了人"存在"自身本体的显露,语言的丰盛就是人"存在"本质的丰盛,语言的贫乏也显示着人"存在"本质的贫乏,也就是人的本质在语言中被显露或是被遮蔽。同时,通过对语言世界的解释,也能获取对于人生存意义的认识;语言不仅是人的本质特征,也是文化的本质特征。简单地说,"语言"反映人的本质的同时也反映了社会文化的本质,可以被看作是社会和文化的决定因素,能直接影响人与人之间的关系、间接影响到社会结构,所以,人类存在的矛盾以语言为载体获得了深刻的揭示,显然,"语言学"实际上也是探讨"思维与存在的关系"问题。我们只有从"语言学"的角度才能更好地理解人与人、人与社会、人与世界的关系,正是在这种意义上,"语言学"成了人文科学的方法论。

"语言学"从语言分析的角度探讨哲学问题,开拓了哲学研究的新思路;通过转换哲学的研究范式消解了主体性形而上学的"二元"思维方式,化解了科学主义与人文主义的对立。因此"语言学转向"可以看作是从哲学言说的方式上对西方哲学传统发动了一次总体性的批判,是西方哲学逻辑演进的重要环节。

5.4 胡塞尔向"先验自我"回归的现象学转向

胡塞尔认为，现代盛行的"唯科学论"是一种由理性产生的非理性主义，是一种狭隘的、低级的理性；现代自然科学强调可以凭自己规范一切，但却没意识到它自己首先是被规范的。胡塞尔提出，科学的概念和逻辑必须回到前科学、前逻辑的根——哲学，也就是要以"还原法"对科学主义和非理性主义的"真理"概念进行一种彻底的反思和追溯。但胡塞尔并不是反对科学，而是要扩大科学的范围，他提出真理是"科学的哲学"，哲学的根本任务就是要超越事实和自然物、自由地思考和认识自己并为自己做论证，只有以"现象学还原法"回到事情本身直接地去"看"，才能真正得到真理。

胡塞尔现象学的"回到本原"和"语言学转向"一样都是在科学实证主义迅猛发展的情况下对于专属于哲学研究方法的探索，但是，不同于"语言学"的是，胡塞尔强调从抽象的语言符号直接返回到对于现实生活的"直观充实"，他说："那些产生于遥远、含糊和非本真直观中的含义对我们来说是远远不够的。我们要回到'实事本身'上去。"① 由此可见，他并不是要返回古希腊哲学的本体论的"本原"，也不是返回主体性形而上学中那种对于"第一原则"的追寻，而是返回"事实本身"。现象学中"本原"的意义就不再是形而上学中与"现象"对立的那个"存在"了，而是指真理的自身显现；同时，"先验"

---

① 胡塞尔. 纯粹现象学通论：纯粹现象学和现象学哲学的观念（第一卷）[M]. 李幼蒸，译. 北京：商务印书馆，2012：7.

就成了真理得以在意识中显现的条件或前提，胡塞尔说："全部现象学不过是对先验主体性进行的科学的自我深思。"① 因此，"先验现象学"仍然是一种实现主体对于客观认识的哲学，仍是探究思维与存在之间关系的哲学。

胡塞尔现象中的"先验自我"与康德哲学中的并不是同一个意义，胡塞尔是指超验领域中的"先验自我意识"，是更加客观化和绝对化的"存在"，不随身体属性的消逝而消失，代表了主观中的一切客观性，包括文化、意义和价值等，其属于绝对主体的意向性构造的成就。胡塞尔认为哲学的动力应该是一种先验的"绝对主体性"，这种主体性并不是指德国古典哲学中的自我意识所具有的主体能动性，而是类似于德国古典哲学中的"上帝"，只是胡塞尔将其客观化于主体存在之中了，胡塞尔提出区别于其他现实世界中的经验表象所具有的相对性，只有"绝对主体性"才具有真正的存在意义，才能实现"对实在世界和一种可能的一般实在世界的存在方式进行现象学意义阐释"②。在胡塞尔看来，"意向性结构"就是这种"绝对主体性"的体现，其是一种绝对的"理"，是由个别中显现出一般的原则，人和其他有意识的生物都可以看作是它的"摹本"或实例，它是一种客观必然的、不是由人独断设定的存在，只能通过人对纯粹自我意识的"直观"发现其中隐藏着的、绝对的、"内在超验"结构而获得。显然，胡塞尔要通过现象学的方法使哲学成为一种严密科学的哲学，以纯粹描述的现象学方法解释意识（本质）的终极结构。胡塞尔提出，哲学是纯粹的先天科学，能够通过

---

① 胡塞尔.形式逻辑和先验逻辑［M］.李幼蒸，译.北京：中国人民大学出版社，2012：231.
② 胡塞尔.形式逻辑和先验逻辑［M］.李幼蒸，译.北京：中国人民大学出版社，2012：63.

借助观念化和客观化使每一个单位的意识体验都在其纯粹性中实现普遍的考察，而不是只做单一意识的描述说明，因此"意识"指的是"在一种最广意义上的一般意识体验"①，显然胡塞尔并不是想要回到主体性形而上学，相反他的"意识"是用来克服主体性哲学中"自我"的内在性，而胡塞尔现象学中最重要的"悬置"理论就是对于主体自我那种"相对内在性"的克服。

胡塞尔现象学中的"悬置"针对的是超验存在，也就是胡塞尔想要做的是悬置存在的超验性，使真理在意识中被给予或者说成是使真理在意识中得以显现，进而消除人们对于"存在"的一般信念，实现"去本体论化"，最终实现绝对主体的"内在的超验性"。胡塞尔现象学中的"悬置"可以使先验自我能经过反思将"存在"由绝对主体的意识本身结构变"外在"于"内在"，使主体成为绝对主体，实现意识的真正"内在"，而不是具有与"意识"相对立、相异化的假内在、真外在。因此"现象学"是"被看作是用现象学态度观察的先验纯粹体验的描述性本质学科"，其具有"内在的合法性"②。胡塞尔的"现象学还原法"包括"先验的还原法"和"本质的还原法"，他反对"预设前提"的思维方式，提倡面向事实本身的思维方式，"回到事物本身"就是胡塞尔先验现象学的核心思想，他主张要把"人们从传统的概念、理论、偏见以及习惯的思维方式中解脱出来，从最初看到的纯粹的现象中认识事物"③，也就是把真实的本质存在"悬置"起来。"先验还原法"就是指否定"一切传统知识"和"外部世界"的方法，因为"前

---

① 胡塞尔. 纯粹现象学学通论 [M]. 李幼蒸，译. 北京：商务印书馆，1996：102.
② 胡塞尔. 纯粹现象学学通论 [M]. 李幼蒸，译. 北京：商务印书馆，1996：181.
③ 徐辉富. 现象学研究方法与步骤 [M]. 上海：学林出版社，2008：35.

人留给我们的一切知识都是不可靠的，应该把他们统统封存起来而不予考虑"①，"先验还原法"中的"先验"更加强调逻辑上的"先"，也就是在认识之前将认识的主体和对象在世界中"存在"的信念统统"悬置"起来不予考虑，排除一切外界影响因素，只剩下纯粹的意识，也就是，通过内在意识转化"实体存在"为"先验存在"，以获得对于"绝对主体性"的认识，实现自我真正意义上的绝对存在。"本质还原法"是一种"直观"的方法，是一种将认识对象的实体存在信念"悬置"起来的做法，胡塞尔强调，直观就是这一切的直接被给予性，它无须证明，它是一切逻辑、证明的前提，是前逻辑（前证明）的；例如同一律："A＝A"。可见，胡塞尔"本质学还原"的方法，强调的就是对事实进行直接把握，不去区分经验表象或是本质存在，排除一切个体性的客观存在性的判断，追求不带有任何固有片面性的认识，实现对事物本质所呈现出的本质进行"直观"，以便获得真理。胡塞尔通过"悬置"存在，把一切事物和意识活动都放置在了"看"之下、包含在哲学体系之中，于是，人在获得绝对主体的意向性结构的同时，就能实现对于人本质和真理的认识。

可见，现象学涉及"看"本身，包括类型、方式和结构，能为一般科学提供前提，能实现在现象中"直观"一切，从而最终达到对事实本质及其意义的认识与把握；而人也能通过现象学实现理性生活，最终成为一个自由的、自我理解和自我负责的绝对主体。由此，胡塞尔实现了自然科学与人文科学的统一。

纵观西方哲学演进的历程，我们看到，德国古典哲学之后的一大批

---

① 黄广芳. 解放性的绽放：现象学哲学观的灵魂［J］. 社会科学家，2013，193（5）：9-12.

现代哲学家，如叔本华、马克思、胡塞尔等，虽然对"自我意识"进行了不同意义的解读，但仍然是以主体性为内核思想建立自己的哲学体系的，只是从近代以来的建立主体性、提高主体性转向了现代的消解主体性，但这种消解不是真正的放弃整个主体性视域，而是消解了主体性的理性维度、消解自我意识的"理性"。哲学作为"关于人的秘密"的学科，其每一种"转向"都是人们对于自我以及自我与外界关系的思考，自我意识本身依旧是哲学研究的主战场，其从未淡出过任何现代哲学样态的主视域。

参考文献

▲刊物上的论文类

外文期刊：

[1] Alderwick C. Atemporal Essence and Existential Freedom in Schelling [J]. British Journal for the History of Philosophy, 2014 (1).

[2] Attman M. The Unquiet Spirit of Idealism: Fichte's Drive to Freedom and the Paradoxes of Finite Subjectivity [J]. International Year book of German Idealism, 2001 (3).

[3] Anscombe. The First Person in Metaphysics and the Philosophy of Mind [J]. Internet Encyclopedia of Philosophy, 1981 (6).

[4] Das S. Friedrich Wilhelm Joseph von Schelling [J]. Internet Encyclopedia of Philosophy, 2011 (6).

[5] Guyer P. Kant and the Experience of Freedom: Essays on Aesthetics and Moralities [J]. Journal of Aesthetics & Art Criticism, 1994 (5).

[6] Guyer P. Kant on Freedom, Law, and Happiness [J]. Happiness, 2000 (1).

[7] Jersey Mike. Two-thinking paradigm of Schelling after Kant and fichte's opposition [J]. 2015 (6).

[8] Jonas M. Fichte: Freedom and Dogmatism [J]. Idealistic Studies, 2013 (3).

[9] Hutten T. Adorno on Kant, Freedom and Determinism [J]. European Journal of Philosophy, 2012 (4).

[10] Kara J. Kant and the Creation of Freedom: A Theological Problem [J]. Anglican Theological Review, 2015 (4).

[11] Koch M. Formal freedom in Fichte's "System of ethics" [J]. International Year book of German Idealism, 2011 (9).

[12] Koch M. Idealism and Autonomy in Schelling's Early Systems [J]. Freedom& Reason in Kant, Schelling & Kierkegaard, 2006 (2).

[13] Matthews B. Life as the Schema of Freedom: Schelling's Organic Form of Philosophy [J]. SUNY, 2011 (4).

[14] Pippin Robert. VII-The Significance of Self-Consciousness in Idealist Theories of Logic [J]. Idealistic Studies, 2013 (3).

[15] Rafferty C, P Ashton. The Metaphysics of Creativity: Nature, Art and Freedom in German Philosophy after Kant [J]. Concrescence, 2002 (3).

[16] Sauter M. Conscience and the Rhetoric of Freedom: Fichte's Reaction to the Edict on Religion [J]. Center for Research and Teaching in Economics, 2009 (10).

[17] Sullivan R, H Allison. Kant's Theory of Freedom [J]. Philosophical Review, 1992 (4).

[18] Wood A. Fichte's absolute freedom [J]. International Year book of German Idealism, 2011 (9).

中文期刊：

[1] 卜祥记. 试论德国古典哲学关于"自我"的思辨构建 [J]. 徐州师范大学学报, 2005 (3).

[2] 陈也奔. 费希特与谢林——自我意识原则在康德之后的演变及发展 [J]. 黑龙江社会科学, 2002 (2).

[3] 邓安庆. 知识·历史·艺术——试论谢林先验哲学体系的三大主题 [J]. 湖北大学学报（哲学社会科学版）, 1993 (1).

[4] 邓婕. 浅谈〈精神现象学〉中自我意识的形成与发展 [J]. 内蒙古师范大学学报, 2016 (5).

[5] 邓晓芒. 黑格尔辩证法为形式逻辑的奠基 [J]. 云南大学学报（社会科学版）, 2010 (2).

[6] 邓晓芒. 康德〈实践理性批判〉中的自由范畴表解读 [J]. 哲学研究, 2009 (9).

[7] 邓晓芒. 康德道德哲学的三个层次——〈道德形而上学基础〉述评 [J]. 云南大学学报（社会科学版）, 2004 (4).

[8] 邓晓芒. 康德的"先验"与"超验"之辨 [J]. 同济大学学报（社会科学版）, 2005 (5).

[9] 邓晓芒. 康德的"智性直观"探微 [J]. 文史哲, 2006 (1).

[10] 邓晓芒. 康德论因果性问题 [J]. 浙江学刊, 2003 (2).

[11] 邓晓芒. 康德先验逻辑对形式逻辑的奠基 [J]. 江苏社会科学, 2004 (6).

[12] 邓晓芒. 论康德对机械论自然观的超越 [J]. 华中科技大学

学报（社会科学版），2017（1）.

［13］邓晓芒．西方哲学史中的理性主义和非理性主义［J］．现代哲学，2011（3）.

［14］韩金起．对自我意识之间依赖关系的探究［J］．华北电力大学学报，2012（2）.

［15］韩志伟，徐力冲．论先验辩证法的生存空间及其当代意义［J］．山东社会科学，2016（10）.

［16］韩志伟．简论黑格尔辩证法的思辨结构［J］．社会科学战线，2003（5）.

［17］黄振地．费希特对康德先验自我的逻辑化统一的努力［J］．社会科学研究，2007（2）.

［18］黄振地．论"自我"概念的哲学演变［J］．内蒙古民族大学学报，2006（6）.

［19］黄振地．论自我意识的哲学演变［J］．大连大学学报，2005（10）.

［20］黄振地．谢林"绝对同一"自我的建构过程［J］．广西师范大学学报（哲学社会科学版），2012（6）.

［21］孔扬．德国古典哲学外延逻辑批判的总线索［J］．深圳大学学报（人文社会科学版），2012（6）.

［22］李德学，王天成．谢林先验唯心论历史观中的唯心辩证法思想［J］．社会科学战线，2002（4）.

［23］梁志学．从思想与信念的统一谈起——记第二届国际费希特哲学大会［J］．哲学研究，1988（2）.

［24］梁志学．德国古典哲学中的"理智直观"［J］．哲学研究，

1985（4）.

[25] 梁志学. 费希特晚期的知识学 [J]. 云南大学学报（社会科学版），2003（6）.

[26] 梁志学. 费希特哲学思想体系简评 [J]. 安徽大学学报（哲学社会科学版），2005（3）.

[27] 梁志学. 黑格尔建立思辨逻辑的开创活动 [J]. 云南大学学报（社会科学版），2006（3）.

[28] 梁志学. 略论先验逻辑到思辨逻辑的发展 [J]. 云南大学学报（社会科学版），2004（3）.

[29] 梁志学. 思辨逻辑的基本观点（上）[J]. 德国哲学，2016（2）.

[30] 梁志学."先验哲学与辩证法"国际讨论会纪要 [J]. 哲学动态，1989（11）.

[31] 刘立东，王天成. 谢林同一哲学体系的基本架构 [J]. 河北学刊，2013（4）.

[32] 陆杰荣. 论形而上学"上行"与"下移"之内在逻辑 [J]. 陕西师范大学学报（哲学社会科学版），2013（4）.

[33] 陆杰荣. 论形而上学与"形"的内在纠缠 [J]. 社会科学辑刊，2013（2）.

[34] 陆杰荣. 西方哲学的理论轴心架构与马克思哲学的现实破解方式 [J]. 马克思主义与现实，2010（4）.

[35] 陆杰荣. 西方哲学研究重心的演进逻辑与形而上学之命运 [J]. 学术月刊，2008（10）.

[36] 陆杰荣. 西方哲学演进的逻辑与哲学面对"事情"本身的诸

种方式[J]. 思想战线, 2010 (1).

[37] 陆杰荣. 论"形而上学"的当代视界[J]. 江海学刊, 2004 (3).

[38] 罗久. 论黑格尔对费希特主观观念论的批判——以耶拿时期的"知识学"为中心[J]. 人文杂志, 2017 (10).

[39] 倪梁康. 康德哲学中"自身意识"的双重性质与功能[J]. 浙江学刊, 2000 (4).

[40] 倪梁康. "自我"发生的三个阶段[J]. 哲学研究, 2009 (11).

[41] 尚杰. 德国古典哲学唯心主义哲学发展的逻辑必然性[J]. 辽宁大学学报, 1989 (9).

[42] 叔贵峰, 周帅辰. 论谢林在《先验唯心论体系》中哲学立场的知识论转向[J]. 吉林师范大学学报(人文社会科学版), 2019 (4).

[43] 叔贵峰. 从理想的批判到现实的批判——试论康德与马克思关于"批判哲学"的区别及其理论意义[J]. 辽宁大学学报(社会科学版), 2006 (5).

[44] 孙正聿. 辩证法: 黑格尔、马克思与后形而上学[J]. 中国社会科学, 2008 (3).

[45] 王春风, 常玉华. 哲学自我意识概念的逻辑演变[J]. 内蒙古民族大学学报, 2005 (12).

[46] 王昊宁. 先验哲学中"自我"的改造[J]. 社会科学研究, 2008 (5).

[47] 王玖兴. 费希特全部知识学基础[J]. 世界哲学, 2005 (3).

[48] 王天成, 邵斯宇. 生命的辩证性与辩证法[J]. 社会科学战

线，2017（3）.

[49] 王天成．从传统范畴论到先验范畴论——康德的先验逻辑对传统形而上学范畴论的批判改造［J］．社会科学战线，2004（2）.

[50] 吴海龙．论费希特知识学体系的逻辑架构及其局限性［J］．东岳论丛，2011（11）.

[51] 吴海龙．谢林知识学的先验演绎［J］．江海学刊，2015（2）.

[52] 吴宏政．先验思辨的开端——费希特对先验自我的形而上学知识体系的构建［J］．哈尔滨工业大学学报，2013（5）.

[53] 先刚．谢林的"世界时代哲学"构想及其演进［J］．云南大学学报（社会科学版），2010（3）.

[54] 肖超．试论自我意识的辩证结构［J］．学理论，2018（3）.

[55] 谢地坤．从原始直观到天才直观——谢林《先验唯心论体系》之解读［J］．云南大学学报（社会科学版），2004（1）.

[56] 薛小花．先验唯心论体系里的自我意识——谢林哲学思想研究［J］．社科纵横，2014（5）.

[57] 杨方．从西方哲学的三次转向看哲学对象的演变［J］．南通大学学报，2015（3）.

[58] 杨祖陶，陈世夫．黑格尔哲学体系问题——试论贺麟先生对黑格尔哲学体系构成的创见［J］．北京大学学报（哲学社会科学版），1988（4）.

[59] 杨祖陶．德国古典哲学的现代价值［J］．哲学研究，2001（4）.

[60] 杨祖陶．德国近代理性哲学和意志哲学的关系问题［J］．哲学研究，1998（7）.

[61] 杨祖陶. 黑格尔逻辑学中的主体性 [J]. 哲学研究, 1988 (7).

[62] 杨祖陶. 黑格尔哲学中有关认识论研究的若干方法论原则 [J]. 外国哲学, 1993 (12).

[63] 杨祖陶. 康德范畴先验演绎构成初探 [J]. 武汉大学学报（社会科学版）, 1983 (6).

[64] 杨祖陶. 论德国古典哲学的逻辑进程 [J]. 哲学研究, 1992 (10).

[65] 余天放. 康德论对自我的意识：内感官的对象及其问题 [J]. 理论探讨, 2017 (1).

[66] 余玥. 20 世纪后半叶至今的德国古典哲学自我更新运动 [J]. 世界哲学, 2016 (6).

[67] 俞吾金. 康德两种因果性概念探析 [J]. 中国社会科学, 2007 (6).

[68] 俞吾金. 康德是通向马克思的桥梁 [J]. 复旦学报（社会科学版）, 2009 (4).

[69] 俞吾金. 论马克思对西方哲学传统的扬弃——兼论马克思的实践、自由概念与康德的关系 [J]. 中国社会科学, 2001 (3).

[70] 俞吾金. 马克思对黑格尔方法论的改造及其启示 [J]. 复旦学报（社会科学版）, 2011 (1).

[71] 俞吾金. 形而上学发展史上的三次翻转——海德格尔形而上学之思的启迪 [J]. 中国社会科学, 2009 (6).

[72] 俞吾金. 作为哲学史纲要和最终归宿的《小逻辑》——黑格尔哲学史观新探 [J]. 哲学研究, 2001 (11).

［73］郁建兴．黑格尔对康德先验范畴的批判［J］．江苏社会科学，2010（3）．

［74］张东辉．逻辑学的形而上学渊源［J］．哲学研究，2017（2）．

［75］张雷．黑格尔真理观嬗变的方法论根源探析［J］．东北大学学报（社会科学版），2016（3）．

［76］赵敦华．黑格尔哲学体系的理论意义和现实性［J］．武汉大学学报（人文科学版），2016（2）．

［77］赵剑．费希特先验知识学：从认识论到存在论［J］．哲学动态，2013（3）．

［78］赵林．黑格尔宗教哲学的理性基础与逻辑结构［J］．世界宗教研究，1998（4）．

［79］赵林．唯理论哲学在心物关系问题上的思想发展［J］．求是学刊，2005（4）．

［80］赵林．西方文化转型的历程：信仰与理性关系的辩证演进［J］．江海学刊，2012（1）．

［81］赵林．中世纪基督教神学发展的逻辑线索［J］．世界宗教研究，1996（4）．

［82］周书俊．黑格尔对费希特哲学的承继与发展［J］．江西财经大学学报，2011（3）．

▲著作类

外文著作：

［1］Amerika K. The Modern Subject: Conceptions of the Self in Classical German Philosophy［M］. New York: State University of New York

Press, 1995.

[2] Andrew Seth. The Development from Kant to Hegel [M]. Cambridge: Cambridge Scholars Publishing, 2002.

[3] C Thomas Powell. Kant's Theory of Self-consciousness [M]. Oxford: Oxford University Press, 1990.

[4] Dieter Henrich. Between Kant and Hegel, Lectures on German Idealism [M]. Cambridge: Massachusetts-Harvard University Press, 2003.

[5] Eldridge Richard. Images ofhistory: Kant, Benjamin, freedom, and the hu man subject [M]. Oxford: Oxford University Press, 2016.

[6] Wilton H. The difference between Fichte's and Schelling's system of philosophy [M]. New York: State University of New York Press, 1977.

[7] Klemm D. Figuring the Self: Subject, Absolute, and Others in Classical German Philosophy [M]. New York: State University of New York Press, 1988.

[8] Kyriaki G. Challenges to German Idealism: Schelling, Fichte and Kant [M]. Macmillan: Palgrave Macmillan UK, 2002.

[9] Nectaris G. Limnatis German Idealism and the Problem of Knowledge: Kant, Fichte, Schelling and Hegel [M]. Publisher: Springer, 2008.

[10] Neuhauser. Fichte's theory of subjectivity [M]. Cambridge: Cambridge University Press, 1990.

[11] Robert R Williams. Hegel's Ethics of Recognition [M]. California: University of California Press, 2000.

[12] Sally Sedgwick. The Reception of Kant's Critical Philosophy:

Fichte, Schelling, and Hegel [M]. Cambridge: Cambridge University Press, 2000.

[13] Terry Pinard. Hegel's Naturalism: Mind, Nature, and the Final Ends of Life [M]. Oxford: Oxford University Press, 2012.

[14] Wood Allen. Fichte's ethical thought [M]. Oxford: Oxford University Press, 2016.

中文著作

[1] 北京大学西方哲学史教研室编译.西方哲学原著选读（上卷）[M].北京：商务印书馆，1982.

[2] 北京大学西方哲学史教研室编译.西方哲学原著选读（上卷）[M].北京：商务印书馆，1981.

[3] 策勒尔.古希腊哲学史纲[M].翁绍军，译.济南：山东人民出版社，1996.

[4] 陈嘉明.建构与范导——康德哲学的方法论[M].北京：社会科学文献出版社，1992.

[5] 邓晓芒.〈纯粹理性批判〉讲演录[M].北京：商务印书馆，2013.

[6] 邓晓芒.德国古典哲学讲演录[M].长沙：湖南教育出版社，2010.

[7] 邓晓芒.黑格尔〈精神现象学〉句读[M].北京：人民出版社，2014.

[8] 邓晓芒.康德〈纯粹理性批判〉句读[M].北京：人民出版社，2010.

[9] 邓晓芒.康德〈道德形而上学奠基〉句读[M].北京：人民

出版社，2012.

[10] 邓晓芒. 康德〈判断力批判〉释义 [M]. 上海：三联书店，2008.

[11] 邓晓芒. 思辨的张力 [M]. 长沙：湖南教育出版社，1992.

[12] 邓晓芒. 西方美学史纲 [M]. 北京：商务印书馆，2018.

[13] 费希特. 费希特文集（1-5卷）[M]. 梁志学，译. 北京：商务印书馆，2015.

[14] 费希特. 伦理学体系 [M]. 梁志学，李理，译. 北京：商务印书馆，2006.

[15] 费希特. 全部知识学的基础 [M]. 王玖兴，译. 北京：商务印书馆，2016.

[16] 高清海. 找回失去的哲学自我 [M]. 北京：北京师范大学出版社，2004.

[17] 高清海. 哲学的憧憬 [M]. 长春：吉林大学出版社，1995.

[18] 高清海. 哲学与主体自我意识 [M]. 北京：北京师范大学出版社，2017.

[19] 高宣扬. 德国哲学通史（第1卷）[M]. 上海：同济大学出版社，2007.

[20] 韩水法. 康德物自身学说研究 [M]. 北京：商务印书馆，2007.

[21] 贺麟，张世英. 黑格尔关于辩证逻辑与形式逻辑的关系的理论 [M]. 上海：上海人民出版社，1956.

[22] 贺麟. 黑格尔哲学讲演集 [M]. 上海：上海人民出版社，2011.

[23] 黑格尔. 费希特与谢林哲学体系的差别 [M]. 宋祖良, 程志民, 译. 北京: 商务印书馆, 1994.

[24] 黑格尔. 精神现象学（上、下）[M]. 贺麟, 王玖兴, 译. 上海: 上海人民出版社, 2013.

[25] 黑格尔. 精神哲学 [M]. 杨祖陶, 译. 北京: 人民出版社, 2006.

[26] 黑格尔. 逻辑学（上、下）[M]. 杨一之, 译. 北京: 商务印书馆, 1996.

[27] 黑格尔. 逻辑学 [M]. 梁志学, 译. 北京: 人民出版社, 2002.

[28] 黑格尔. 小逻辑 [M]. 贺麟, 译. 上海: 上海人民出版社, 2009.

[29] 黑格尔. 耶拿体系1804—1805: 逻辑学和形而上学 [M]. 杨祖陶, 译. 北京: 人民出版社, 2012.

[30] 黑格尔. 哲学史讲演录（1-4卷）[M]. 贺麟, 王太庆, 译. 上海: 上海人民出版社, 2013.

[31] 胡塞尔. 纯粹现象学通论 [M]. 李幼燕, 译. 北京: 商务印书馆, 1992.

[32] 胡塞尔. 形式逻辑和先验逻辑 [M]. 李幼燕, 译. 北京: 中国人民大学出版社, 2012.

[33] 金岳霖. 形式逻辑 [M]. 北京: 人民出版社, 1979.

[34] 康德. 纯粹理性批判 [M]. 邓晓芒, 译. 北京: 人民出版社, 2004.

[35] 康德. 逻辑学讲义 [M]. 许景行, 译. 北京: 商务印书馆,

2016.

[36] 康德. 判断力批判 [M]. 李秋零, 译. 北京: 中国人民大学出版社, 2011.

[37] 康德. 实践理性批判 [M]. 李秋零, 译. 北京: 中国人民大学出版社, 2011.

[38] 康德. 作为未来科学的形而上学的导论 [M]. 庞景仁, 译. 北京: 商务印书馆, 2011.

[39] 梁志学. 自由的体系——费希特哲学读本 [M]. 北京: 商务印书馆, 2008.

[40] 刘永富. 黑格尔哲学解读 [M]. 北京: 中国社会科学出版社, 2002.

[41] 卢卡西维茨. 亚里士多德的三段论 [M]. 李真, 李先焜, 译. 北京: 商务印书馆, 1981.

[42] 陆杰荣. 形而上学研究的几个问题 [M]. 北京: 中国社会科学出版社, 2012.

[43] 马克思. 1844年经济学哲学手稿 [M]. 北京: 人民出版社, 2000.

[44] 马克思. 1844年经济学哲学手稿 [M]. 北京: 人民出版社, 2014.

[45] 马克思恩格斯文集（第1、2、16卷）[M]. 北京: 人民出版社, 2009.

[46] 马克思恩格斯选集（第1-3卷）[M]. 北京: 人民出版社, 2012.

[47] 苗力田. 古希腊哲学 [M]. 北京: 中国人民大学出版社,

1989.

[48] 苗力田．黑格尔通信百封［M］．上海：上海人民出版社，1981：4.

[49] 倪梁康．自识与反思：近代西方哲学的基本问题［M］．北京：商务印书馆，2002.

[50] 欧洲哲学史教程编写组．欧洲哲学史教程［M］．福州：福建人民出版社，1986.

[51] 培根．新工具［M］．许宝骙，译．北京：商务印书馆，2011.

[52] 叔贵峰．青年黑格尔派宗教批判的逻辑演进［M］．北京：人民出版社，2014.

[53] 斯宾诺莎．伦理学［M］．陈丽霞，译．北京：光明日报出版社，2010.

[54] 斯蒂芬·霍尔盖特．黑格尔导论［M］．丁三东，译．北京：商务印书馆，2017.

[55] 孙利天．论辩证法的思维方式［M］．长春：吉林大学出版社，1994.

[56] 孙正聿．哲学：思想的前提批判［M］．北京：中国社会科学出版社，2016.

[57] 汪民安．后现代性的哲学话语［M］．杭州：浙江人民出版社，2000.

[58] 王建军．灵光中的本体论——谢林后期哲学思想研究［M］．天津：南开大学出版社，2004.

[59] 王天成．直觉与逻辑［M］．长春：长春出版社，2000.

[60] 王晓朝．西方哲学精神探源［M］．北京：北京大学出版社，

2016.

[61] 王晓朝. 宗教学基础十五讲 [M]. 北京：北京大学出版社，2003.

[62] 王晓朝. 希腊哲学简史 [M]. 上海：上海辞书出版社，2017.

[63] 维特根施坦. 逻辑哲学论 [M]. 郭英，译. 北京：商务印书馆，1962.

[64] 温纯如. 康德和费希特的自我学说 [M]. 北京：社会科学文献出版社，1995.

[65] 文德尔班. 哲学史教程 [M]. 北京：商务印书馆，1987.

[66] 先刚. 永恒与时间——谢林哲学研究 [M]. 北京：商务印书馆，2008.

[67] 先刚. 哲学与宗教的永恒同盟 [M]. 北京：北京大学出版社，2015.

[68] 谢林. 近代哲学史 [M]. 先刚，译. 北京：北京大学出版社，2016.

[69] 谢林. 先验唯心论体系 [M]. 梁志学，石泉，译. 北京：商务印书馆，2016.

[70] 亚里士多德. 工具论（上、下）[M]. 余纪元，译. 北京：中国人民大学出版社，2003.

[71] 亚里士多德. 形而上学 [M]. 吴寿彭，译. 北京：商务印书馆，1970.

[72] 杨文极. 德国古典哲学教程 [M]. 北京：中国人民大学出版社，1988.

[73] 杨祖陶,邓晓芒. 康德〈纯粹理性批判〉指要 [M]. 长沙：湖南教育出版社, 1996.

[74] 杨祖陶. 德国古典哲学逻辑进程 [M]. 北京：人民出版社, 2016.

[75] 杨祖陶. 黑格尔〈精神哲学〉指要 [M]. 北京：人民出版社, 2018.

[76] 杨祖陶. 康德黑格尔哲学研究 [M]. 武汉：武汉出版社, 2002.

[77] 俞吾金,汪行福,王凤才,林晖,徐英瑾. 德国古典哲学 [M]. 北京：人民出版社, 2009.

[78] 张澄清. 黑格尔的唯心辩证法 [M]. 福州：福建人民出版社, 1984.

[79] 张澄清. 西方近代哲学的终结 [M]. 北京：社会科学文献出版社, 2005.

[80] 张世英. 论黑格尔的精神哲学 [M]. 上海：上海人民出版社, 1986.

[81] 张世英. 论黑格尔的逻辑学 [M]. 北京：中国人民大学出版社, 2010.

[82] 张世英. 中西文化与自我 [M]. 北京：人民出版社, 2011.

[83] 张志伟. 西方哲学史 [M]. 北京：中国人民大学出版社, 2012.

[84] 赵林. 黑格尔宗教哲学 [M]. 武汉：武汉人民出版社, 2005.

后　记

我本科专业是心理学，硕士专业是马克思主义哲学，博士专业是外国哲学，在这三个研究领域中，学者们关于"自我意识"的研究一直没有中断过，因此我对"自我意识"有很多的好奇。但是目前我关于"自我意识"的研究还集中在基础理论方面，这本书还有很多未尽之言，逻辑演进方面也会有些主观独断性，希望各位同仁不吝赐教。

本书是在我的博士论文基础上修改完成的。本书的完成，首先要感谢我的博士导师——叔贵峰教授，经过我与老师多次商讨，才最终确定了本书的主要内容，没有老师的悉心教导，我就无法完成本书的写作。我的恩师叔贵峰教授、我的师母金老师，他们对我的关怀就像是父母对女儿一样，不仅是在学习上也在生活上给予了我很多帮助，指导我、支持我，给我一路向前的力量。其次，感谢编辑老师的细心校对，由于本人的学术水平有限，文字表述方面有很多不足，没有编辑老师们的认真工作，本书也无法如期出版。

最重要的是感谢我的父母。很幸运，我有温暖和谐的家庭，感谢张先生和潘女士给予我的一切，无论是生理上还是心理上。在我读博士期间和本书写作的过程中，父母始终陪伴我、包容我、鼓励我。从小到大，在任何情况下，他们都全力支持我，给我无条件的爱和帮助，在经济上和心理上给我安全感，让我依靠，让我有勇气面对未知，让我有能力追求自己理想的生活，是父母的爱让我有机会读书、体验丰富多彩的人生。

很多人说我有魄力，辞掉公务员工作来考博士；很多人也嘲笑我，三十岁了还去读书。而我，作为一个哲学领域的后进生，感谢自己当时的决定，哲学给了我第二次生命，让我更理解人生和人性，让我有足够的勇气和理性面对生活中的得失。博士期间的"风景"是与别处不同的，这是一个广阔的天地。虽然这段经历让我原本如湖水的平静生活起了波澜，但也让我的人生在漆黑的未知中闪烁着光芒；绝望中充满了希望，这是一种难以言喻的美和恩惠。

张笑笑
2022 年 9 月于浙江嘉兴